让营销回归支点

跟客户谈一场马拉松式的恋爱

夏长裕 著

东南大学出版社
SOUTHEAST UNIVERSITY PRESS
·南京·

内容提要

市面上有很多销售技巧类的书，本书另辟蹊径，从恋爱心理和营销心理角度出发，找出恋爱和生意的共同点，用追求心仪女生的方法去追求想要的生意，并跟客户谈一场马拉松式的恋爱。

本书通俗易懂，用浅显易懂的方法把销售说清楚，尤其适合大众化的营销人员。

图书在版编目(CIP)数据

让营销回归支点：跟客户谈一场马拉松式的恋爱 / 夏长裕著. —南京：东南大学出版社，2016.9

ISBN 978-7-5641-6663-2

Ⅰ.①营… Ⅱ.①夏… Ⅲ.①销售—商业心理学—通俗读物 Ⅳ.①F713.55-49

中国版本图书馆 CIP 数据核字(2016)第 186563 号

让营销回归支点：跟客户谈一场马拉松式的恋爱

出版发行：东南大学出版社
社　　址：南京市四牌楼 2 号(邮编：210096)
出 版 人：江建中
策划编辑：朱春霞
经　　销：全国各地新华书店
印　　刷：南京玉河印刷厂
开　　本：880mm×1230mm　1/32
印　　张：5.75
字　　数：155 千字
版　　次：2016 年 9 月第 1 版
印　　次：2016 年 9 月第 1 次印刷
书　　号：ISBN 978-7-5641-6663-2
定　　价：18.00 元

本社图书若有印装质量问题，请直接与营销部联系，电话：025－83791830。

序

本人多年从事一线销售管理工作，在担任企业总经理后，发现企业负责人更多的时候还是在关注销售，在跟客户推销自己的产品，跟员工推销自己的管理理念。

作为企业的当家人，管理一家企业，更多的时间都在担心自己企业现有产品线的销售状况，担心企业未来产品在市场上会不会被客户接受，担心客户是不是满意。作为一线业务人员，则担心今天会遇到什么样的客户，客户会不会拒绝我，会不会有客户要下单。20多年的一线营销经验，我太了解业务人员的艰难和困惑，我希望能帮到他们。酝酿很久，决定写本每个业务员都看得懂、用得上、有共鸣的书。

本书没有什么深奥的理论，可能也入不了经济学家、管理学家和销售专家的法眼。如果说专家的文章是必胜客的披萨，我的文字最多是让你可以填饱肚子的土烧饼，但是我想我的烧饼还是更接地气的。我希望这本书可以给那些底层的业务员一些帮助，给他们一些借鉴，所以也不希望用正规的市场营销理论，用所谓的大师经常讲遍全国都通用的营销秘籍来评判本书观点的对错，我想把评判权交给最基层的业务人员。

网上有很多调侃业务员辛苦的段子："起得比鸡早，睡得比狗晚，干得比驴多，吃得比猪差。"业务员的确辛苦！这个职业门槛也不高，没文化的可以做，有文化的也可以做，大学刚毕业的可以做，资深的做过几十年的仍可以做。销售是什么？喝着咖啡可以做成生意，吃着大饼卷大葱也能做成生意。老大爷提几棵自家田里种的青菜摆个摊叫卖是销售；一个国家的总统候选人向他的选民推销他的执政理念，承诺给选民带来什么样的治国安邦的变化也是一种销售。一个国家跟另一个国家进行外交，通常也是以经贸为目的，能吓你“就范”就吓你“就范”，不能让你“就范”就跟你谈，跟你谈得来就谈，谈不来就“打”。小到普通农民出让自己的农副产品，大到管理一个国家，应该都可以认作销售，销售就是让更多的人愿意为你的产品或是服务买单。

正因为销售不容易，所以市面上有很多的“大师”级的跟销售相关的书籍，甚至销售秘籍，可以说写得都很好，但恕我直言，大都没什么用处，理论经验再好，也不见得很实用。我写书，只想把销售写得更通俗易懂，让更多的人更容易掌握其中的规律，给一线业务人员一些直截了当的帮助，使他们很快步入工作正轨，能够支撑自己的家庭，能够让自己的生活过得比较富足。

一直想写一本销售心理学，但是苦于自己对心理学掌握得并不透彻，题目又太大，怕写出来不接地气，不能直指人心，于是打消了念头。在妻子的鼓励之下着手写这本书，妻子一直是自己忠实的读者，无论写得如何，她都给我提出很多中肯的意见，给我鼓励。自己也深受鼓舞，一口气写了十几万字，可能有的语句不是很顺，可能有的道理很肤浅，但自己确实是把 20 多年的经验都浓缩在这本书里，但求有人喜欢。

自信点讲，这本书应该是我对营销最好的了解和总结，你可以花不多的钱就能买到它。如果你愿意细心读上一两遍，我敢保证，你会在营销工作中少走许多的弯路，也能快速掌握其中的奥妙。我确信，它会给你启发，引你上路，给你帮助。

我们在做销售的过程中，往往发现很多有趣的现象：第一次见客户，客户对你明明很热情，让你以为生意十拿九稳，可是客户就是迟迟不下单。有时候还会遇到客户拿着你的宣传册，对你的产品赞不绝口，就是迟迟不入正题。甚至有时候会遇到客户把你的产品说得一文不值，让你大失所望。你当时一定认为这个客户肯定没机会了，但是最后反而跟你做成了生意。客户批评你的产品，不是不愿意使用你的产品，而是因为他对你的产品不熟悉，有很多的怀疑，他的本意是想从你这里得到更多的信息引导他认可，你做到了这点，他便会为你买单。

在跟客户接触的初期，客户所说的不一定是他心里想的，心里想的他不一定会说出来。所以没有经验的业务员，往往第一次跟客户打交道不知道从什么地方入手，第一次拜访客户会弄得自己手足无措。我建议大家平时有机会多读点心理学方面的书籍，当然更多的是平时知识的积累。总之，客户否定你，你不一定没机会；客户肯定你，你也不一定有机会，客户可能是出于客套或给推荐你的人一个面子罢了。

但是大部分的业务人员没有这样的经验——经常给自己很多挫败的暗示，长此以往，就很难成为一个出色的业务员。你看政客竞选，无论对手怎样谩骂，无论选民怎样不买账，可他还是信心满满、激情洋溢。做一个业务员，要向政客学习，虽然不一定每句都是真话（还吹得像真的一样），当然不是让你去欺骗客户，如果你把一句真话说得很虚伪，你就是虚伪的；如果你把一句善意的谎言说得很真诚，你就是真诚的。客户不在意你说的是什么，往往更在意我们说话和倾听的态度。

我们平时去商城也会遇到这样的情况，营业员如果对你过分热情，过分推销，你十有八九不会买他的产品，你买他的产品也不是因为他跟你说了多少，是因为你自己确实需要而已。当然业务人员不是政客，我们做不到骂不还口，但至少我们的信心和激情不能随便被打败。

我在给自己的手下培训的时候，经常希望他们把客户当作心仪的美女去追，把做销售当作谈恋爱。给自己暗示，我就喜欢这个女生，哪怕她不喜欢我，哪怕她不会嫁给我，我也愿意为她付出，我也要让她开心，她给我一点点笑容，我都无比幸福。如果你带着这样的情绪去追客户，我想成功的可能会大很多，就算失败，也不会感觉天塌下来，你也会告诉自己：追不到她正常，但我努力过了，我不后悔！

开始做销售，我也只是一个普通的业务人员，一直在推销自己的经营理念，在外企做过 9 年销售管理，从一个骑着自行车穿大街走小巷的业务员做到后来当过 3 家规模都不是很大的企业的小小管理者，管过最大的企业也有三百多号人。一直在奔波，见客户，见投资人，见合作伙伴，推销自己的产品，推销自己的为人，推销自己的思路和创意。做业务员的辛苦经历，让我感悟，令我难忘。如今虽不在其中，但我想把这 20 多年来的点滴写出来，与正在或将要从事营销业务的人员分享，与曾一起战斗在营销一线的战友们共享。

此书也许不能登上大雅之堂，也可能不会被营销大师们所关注，我只希望，我的书，摆上餐桌，摆上茶几，放在自行车篓子里、窗台边，有空的时候拿起来翻翻。这本书以最通俗的语言把销售跟最普通的业务人员说清楚，也许不能帮他们解难，但一定会帮他们排忧；虽不是一本工具书，但一定是本心得体会书、策略书。我期望有这本书的帮助，忙碌的业务员会身心轻松，挂着汗水的脸上会露出灿烂的微笑。我想这是我最愿意看到的，也是最令我感到幸福的事！

感谢我的妻子，感谢曾经帮助过我的人，也感谢曾经伤害过我的人，因为帮助，我不断进步，因为伤害，我不断成熟。愿此书能帮到千千万万奔跑在营销一线的气喘吁吁的业务人员。

夏长裕

2015 年 11 月 18 日

关于作者

小时候赶上“文化大革命”后期，那个时代还处于计划经济年代，物质极端匮乏，有钱不一定能买到肉，买肉需要肉票；做衣服要买布，买布要布票；点灯要煤油，买煤油要煤油票；买香烟要烟票。我想那个时候是不需要销售的，不管你生产什么产品，国家统购统销。

青少年时期最羡慕的就是公社供销合作社的营业员，可以留着时髦的卷发，穿着时髦的裙子，身上飘散着一阵花露水的香味，那时候认为这就是天上的仙女，特别是她们是国家工作人员，是城镇户口。我想是出于嫉妒吧，心里骂着她们妖里妖气，可要是她们对我笑一下，自己也会美上好几天。记得高三老师上思想课，老师动员大家都是用这类的词句：好好学习，考上大学，就可以到城里去，娶城里的时髦女人。

在“千军万马过独木桥”的时代，我勉强考上一所二流的大学，1993 年大学毕业。大学毕业后，分配到一家国营企业，做了一年，就跳槽到一家美资快消公司（当时世界 250 强）。面试的时候我怯怯地问考官，到外企能拿多少钱，考官问我原单位工资是多少，我吹了个牛，说能拿到四百，考官说，大概十倍吧。于是冲着十倍的工资，我不顾家人亲友的反对，放弃了“铁饭碗”，选择了更有挑战的营销工作。现在回想起来，那时候还是挺有冒险精神的。

我到现在还记得，第一次拿到手的工资是差 50 元 4 000 元，那时候地方上普通员工的工资也就两三百元。所以我每天上班都像打了鸡血似的,精神饱满。每天哼着小曲,骑上我的 26 寸的二手“永久”牌自行车,车后面绑点样品,走大街串小巷。曾在一家位置不错的小店,说服店主进我 10 元钱的货,就用了整整一小时。每天晚上回到家躺在床上,一动都不愿意动。

在外企,我从一个普通的业务代表,做到区域负责人,用现在时髦的话说,应该是个区域总监吧。从外企出来,我又到一家通信企业,那时候通信行业刚刚兴起,刚刚可以走进普通百姓家。我用了 3 个月从销售总监做到总经理,总经理做了 5 年,业绩还是不错的,离开那家公司的时候,门店的数量已经翻了几倍,分公司已经开了 4 家。

后来,因为举家搬迁,我便去了一个有几家分公司的集团做董事长助理,后被派到安徽做一家规模在当地还不错的分公司的总经理,因为对技术不是太精通,又遇到金融危机,我干得最多的事情就是跑市场,开着我的“广本”,带领销售部一帮人跑市场、谈代理、谈分销。那时候走过很多路,华东六省一市、县级以上的城市差不多都给我走下来了。在我和销售团队的努力之下,业绩不断攀升。公司本来一直以外贸为主,日子过得还不错,金融危机来临之后,可能是被我碰巧预料准了,我们成功地躲过了金融危机,销售稳步上升。

在安徽的时候,公司的业务人员基本上都是刚毕业的大学生,没有太多的经验,所以我跟销售人员待在一起的时间最多。工作之余,也经常到附近的大学做一些交流,跟老师跟同学交流得最多的就是营销,我的身份用现在时髦的词说,应该是客座教授了吧。当时很愿意跟大家交流,家里弟兄几个都是老师,自己就自嘲好为人师,给学校当营销策划大赛的评委主任,给市场营销班上市场营销的课,给大学生做职业生涯规划座谈,等等。也没拿过学校的钱,但是很开心,接触很多学生!

从安徽回江苏,我在两家医疗器械公司工作了 4 年,分管过营销和资本运营，也做过集团管理，管理过企业文化建设，给员工做过很多的培训，做得最得心应手的还是销售。跟采购商打交道，跟代理商打交道，跟医院打交道，跟专家、主任打交道，其实用的还是当初管理销售人员的功底，说到底就是沟通，沟通到位，管理顺了，生产顺了，销售顺了，市场顺了，客户顺了，企业就顺了。

在平时工作中，大家经常说，酒量代表销量，其实我想表达更准的应该是：人品代表销量。跟客户相处的过程中，真诚、坦诚永远是客户最欢迎的品质。客户最喜欢跟真诚的人打交道，哪怕你和你的公司，甚至你的产品存在一些瑕疵，客户也会因为你的人品而真心地支持你，给你提供信息，给你帮助，帮助你提高。我们很多的设计理念和技术革新，大多来源于客户，客户永远比我们更知道他们更希望使用什么样的产品。

在专业和技术方面，客户永远是第一老师。

因为销售的关系，我有很多的兴趣爱好，喜欢爬山、徒步，喜欢旅游、看书、看电影，跟年轻人在一起的时候，会兴奋得忘记自己是谁，喜欢拍点照片、搞点创意。除了销售，我还自学了心理学，十几年前，还被境外一家机构评为"国际高级策划师"，我想现在那家机构也不一定在了。除了本职工作，业余时间，我也做做策划的案子，大多数不是冲着钱(当然如果是为了钱，人家也不一定交给我做)，所以一般跟客户合作，客户十有八九都很满意，因为我的策划做得好，又价廉物美，所以我也做过几次有点规模的案子。

除了策划，出于爱好，我经常帮小企业做顾问、搞培训，有时候甚至没钱赚也做，以至于妻子偶尔会埋怨我，我想这大概是出于我乐于助人的个性吧！

除了策划，我还经常做点广告的文案。我经常挂在嘴边的一句话是："一个产品救活一家企业，一个点子盘活一个世界！"(当然因为是我讲的，所以这句话至今也没红过。）生活中我还真给别人出过好多点子，在股市最低迷的时候，我劝别人买股票，别人赚了；在股市最高峰的时候，我劝别人撤，自己却被套了。

我这辈子没有太大的追求，没做过轰轰烈烈的大事，当然更没做过伤天害理的事，只希望在年近知天命的时候，买辆房车，带着老婆周游世界；钱不多的时候，可以有人请我去上上课，赚点车马费；到各地，可以遇到曾经的同事或徒弟，可以盛情地真诚地请我小酌两杯，我想当是人生一大幸事！

夏长裕

2015 年 11 月 18 日

目录
CONTENTS

第一章
我所理解的市场营销

市场营销无处不在，它深深地影响着人们的生活，凡是有人群的地方一定有市场营销的影子，人迹罕至的地方，也有营销的影子，沙漠里竖着可口可乐的广告牌，航天飞机上品牌的赞助商，海底传播信息的光缆，人类能想到的地方，总能跟商业行为挂上钩。

我们周围的人间接或直接的都做着营销工作，良好的营销传播越来越成为商业成功的要素。营销无时无刻不影响着人们的生活、人们的工作、人们的学习，甚至人们的婚姻和繁衍后代。新的传播方式的兴起，也正在改变着传统的营销方式和模式，电子商务越来越成为这场变革的推手，你每浏览的一页网页，都植入了不下几十个广告，你的手机每响一次，可能都是一次信息发送，或是一个微商分享，无论你是喜欢也好，反感也罢，商业行为、商业广告无处不在。

场景模拟

一对情侣，步入公园边上的星巴克咖啡店，用微信分享收集的“赞”优惠购买了两份拿铁咖啡，用 20 元加价购买了一份女孩子最喜欢吃的松糕小蛋糕，两个人选择靠窗的座位坐下，男孩子拿出苹果笔记本电脑，女孩子拿出手机。

男孩子用咖啡店提供的免费 WiFi 接入了互联网，查阅了下周要旅游的目的地的天气情况，并用订票软件订购了火车票和飞机票，订了旅游住的宾馆，定了一辆专车，负责把他从家送到车站，又定了一辆专车，把他从机场接送到酒店。

晚上将有亲戚和朋友来访，男孩子又用他的苹果手机上了大众点评网，选择了一家离酒店不远、口碑不错的饭店，预计晚上 9 点吃完晚饭，男孩子觉得可能还有时间，用团购网查询了一下当天的电影。

弄完这些，男孩子点开跳出的几条天猫的广告，看了几家新出的风衣，选择了一个平时常买的品牌，买了一件风衣，又用赠券加了点钱买了条围巾。

女孩拿出手机，先来个自拍，摆了几个不同的造型，拍了几张自我感觉良好的照片，用美图秀秀软件做了简单的修图，发了一条朋友圈，“今天和男朋友在星巴克咖啡店，蛋糕跟以往的一样赞”，发完信息后，女孩子点开几条好友发的微信，有微整容的，有卖减肥酸梅的，有炫指甲的，有炫吃喝的，有卖内衣的，有卖姜糖茶的，有开绣眉店的，有召集旅游的，有新开的特色小饭店，收了几份红包，是商家新做的广告，还点开几条“看广告，赢电话费”的活动……

两个人喝完吃完，买完看完，准备起身的时候，遇到一个发放宣传单的小女生，凭小广告单可以到新开的商业广场领一份礼品，刚准备出门，一阵音乐过去，原来是打着广告的几辆广告车刚从面前驶过……

从上面的情景我们可以看到，广告无处不在，商业行为无处不在，如果你哪天接触不到这些商业行为，或是不为所动，很难想象你是处于什么状态。

现在的营销创意越来越多，内容越来越戏剧化，本书的目的不是从专业的角度去研究市场营销，而是希望用最朴实的语言让我们基层的营销人员也能较快掌握市场营销。通俗地讲，市场营销就是让本来不想买或者不准备购买某品牌产品的人，因为销售人员一次特殊的行为而改变了初衷。

说穿了，市场营销，就是说服客户为其需要或不需要的产品或服务买单。我们经常碰到这种情况，本来准备买一件衬衫，可是逛完网店后，衬衫没买，买了一套西服，一件风衣。逛菜场出来，被隔壁新开的美发店拉过去烫了一次头发。去超市，试喝了厂家推销的新口味酸奶，又经不住女孩子的推销，买了一箱酸奶。

就是这样，销售是有什么产品，卖给你什么产品，市场营销是帮你"唤起需要"，再把产品卖给你。

案　例

天黑之前，楼层经理照例巡查一遍他管辖的区域，看看今天各专柜大家销售情况如何，检查大家的业务情况，特别是想了解一下新的营业员莱斯利一天的业务情况。

"今天你接待过几个顾客?"经理问莱斯利。

"先生，只有一名顾客。"莱斯利回答道。

"仅仅一名顾客?"经理有些不相信自己的耳朵，也有些不高兴，继续问道，"那你做了多少销售?"

莱斯利很平静地说："58 334 美元。"

经理大吃一惊，有点怀疑自己的耳朵听错了，他问莱斯利："你能告诉我，仅仅一名顾客，你怎么做了那么多销售？"

"首先我卖给那位先生一枚钓鱼钩，"莱斯利说道，"接着卖给他一根钓竿和一只盛鱼的桶，然后我问他打算到什么地方钓鱼，他说去海里，所以我建议他应该拥有一条钓鱼的船，他就买了一艘20英尺长的小型汽艇，运走时，我带他到汽车销售部，卖给他一辆微型货车。"

经理惊愕不已地问道："你真的卖了那么多东西给一个仅仅准备买一枚钓鱼钩的顾客？"

"不是的，先生，"莱斯利继续回答道，"他本来是到旁边的柜台给他犯偏头痛的夫人买一瓶阿司匹林。我对他说，先生，您的夫人身体欠佳，周末如果有空，您不妨带她去钓钓鱼，那对您的夫人肯定有帮助，事情就是这样的。"

市场营销有时候让你反感，可是工厂新生产什么产品、小区新开家什么店铺、电影院里新引进的一部国外大片等等，没有市场营销，没有推广，就没有人知道，所以市场营销是我们生活和工作中很重要的一件大事。

市场营销行为一方面为了满足别人的需要，另一方面又能让我们赚到钱，让我们可以发展，可以养家糊口，所以对我们来说市场营销很重要。但市场营销又不是简单的销售。

为什么市场营销不是简单的销售呢？用一个通俗的比方来说明：

菜场门口，老奶奶自己家里的青菜吃不完，提了一篮子，摆在门口，没有吆喝，旁边摆了个小纸牌子，上面写着1元3斤。

菜场里，一个整齐的摊位上，一只只塑料盒子里面放着新鲜的各式蔬菜，小喇叭在放着绿色食品的广告，柜台上贴着绿色蔬菜生长过程的介绍，不使用农药，用的是有机肥料，无公害，可以直接生吃，生吃有营养，价格是每盒 15 元，每盒大概 1 斤多点，柜台上还放着宣传单页，雇了个小姑娘在门口发放宣传单页，口里还喊着："绿色蔬菜，今天新开业，买一送一！"

如何来区别市场营销和简单的销售，上面老奶奶的行为就是销售，你买与不买，菜还在那里。摊位绿色蔬菜的行为我们可以称之为市场营销，不但提供与众不同的产品，还说服你为了健康，改变消费习惯，引导一种消费理念，你买与不买，它都要卖出去，这就是市场营销。

案 例

2003 年的伊拉克战争中，美国国防部为驻伊陆军士兵配备了极为先进的 M-4 型高技术步枪，由于沙尘暴天气，狂风乱舞，飞沙走石，根本无法阻挡沙土飞进枪管，时间一长，枪管里尽是沙土，严重影响射击，还有可能发生膛炸。在当时若要更换武器或者研发新的武器将会花费相当大的费用，所以军方给每支枪配上塑料的枪口帽，但这些简单的塑料枪口帽经常会被弄掉。

据传，一个美国人从新闻中发现了这个商机，回忆起曾在 1991 年海湾战争期间，听说有美国兵不得已给自己的 M-16 自动步枪的枪管套上避孕套来防止灰尘的案例。于是他通过其他方式得到与美国军方沟通的机会，建议通过用避孕套套在枪口的方法，简单、省钱又不影响射击，即使枪插入沙中取出依然能够正常射击，于是军方从他这里大量采购，甚至连英国国防部都专门采购了 50 万只避孕套，配发给每一名步兵套在枪口以抵御风沙的侵入。

随着现代电子商务和现代物流业的高速发展，传统的生意也产生了新的变化，买衣服不一定要到商场，买菜不一定要去菜场，吃饭不一定非要去饭店，市场营销的变化，直接带来了我们销售的变化和销售难度的增加。

在下一章市场营销的发展内容里，会更明了地介绍销售和市场营销的区别。

第二章
市场营销的发展

大家都知道，人类有了社会分工，就有了产品的交换，有了货币的产生，就有了交易，人们不再以东西换东西，而是用统一的货币来衡量产品的价值，通过交换，出让自己多余的东西换回货币，再用货币换回自己更需要的东西，这就产生了交易。

市场营销的发展和变革，其实就是一场由生产主导慢慢转变到由市场主导的变革。

农民和手工业者生产了多余的产品去市场换回了货币，再用货币换回自己需要的生活或生产用品。但有时候，你的产品不是别人最需要的，或是你自己生产它付出的时间和其他成本很高，你换回的货币就不一定让你满意，你生产产品在交换的时候需要用货币作为标记，就产生了商品的价格，衡量商品价值高低的一般是它的价格和需求的紧张程度。

发现这种现象后，人们就开始研究，别人喜欢什么东西，什么东西生产的成本越低，换取的价格又越高？这就是最初的生产观念。这种观念认为消费者喜欢那些随处可得价格又比较低廉的产品。随着工业化的发展，这种导向直接产生了垄断行为，垄断了劳动力市场，垄断了技术，垄断了原料，垄断了市场，等等，这是一种成本最低化的销售理念。

后来随着经济的发展，当人们换取的货币多了以后，人们开始追求生活的品质，成本低不是人们追求的唯一目标，人们开始追求个性化的东西，追求品质比较好的东西，于是新的销售理念又转变到产品理念。

以产品为导向的销售行为产生后，生产厂家开始追求高质量、多功能和具有某些创新特色的产品，有了这样的理念，就需要价格、分销、广告的配合，不然人们并不知道你的产品有哪些跟别人不一样的特质，这就慢慢产生了推销行为。

推销的观念产生后，推销行为通常用在那些不是人们常用的或是必需品，可能这样的产品一般不会主动想到需要购买，例如保险、书籍、旅游、高品质的日用品等等。还有在产品过剩时，大多数公司也要奉行推销的理念，如果没有推销，你的产品就积压在工厂的仓库里，你的生产和加工利润就不能得到持续的保证。

在这种状态下，销售工厂积压的产品就成了生产者最原始的动力，而不是去生产市场更受欢迎的产品。生产厂家明知道市场需要的产品更受欢迎，可是库存较多，或是现有的生产技术、生产设备制约了研发新产品的动力，所以无法生产新产品。

当你销售的产品是你生产的，甚至积压的且市场对你产品的依赖程度越来越低的时候，甚至是你无论如何推销，消费者都不买账时，生产者深刻反思，这样持续下去，可能工厂要倒闭，于是产生了市场营销的理念。

市场营销的概念出现在 20 世纪 50 年代中期。它对以前的观念提出了挑战，市场与生产从“以产品为中心”转到“以客户为中心”以及“以客户的感受为中心”。营销用传统的“耕种”代替了“狩猎”。生产的工作重点不再是为产品找到客户，而是为客户设计更合适的、使用更便捷的产品，也推动了技术的发展，我们称之为“以市场为导向”。

既然客户有了这样的选择权和投票权，市场就成了我们的考场，客户就是我们的评委。怎么让评委满意？我们先要取得评委的好感！所以本文主要的内容也就是怎么找到评委，并跟他们“谈一场马拉松式的恋爱”，目的就是让客户开心并乐意认可，最终让客户买单。

其实我们国家的市场营销的发展有我们国家的具体特点。

我们国家是一个有五千年历史的文明古国，经历了几百年的闭关自守，西方从 19 世纪就进入工业社会，而我国这个有几千年封建历史的农业大国，从近现代才开始了工业发展，由于“文化大革命”，又让经济差点落到崩溃的边缘，经济真正快速发展还是在改革开放以后。

我生在 20 世纪 60 年代末期，所以对我国的经济发展还是印象比较深刻的。20 世纪 70 年代，我们国家经济还极端不发达，生产效率也极低，在公社化时期，私人是不容许从事工业化的生产经营，刚解放时的原来的私有化企业都被改造成公私合营。我国的经济体制很简单，不是国营企业，就是大集体或是农业合作社。给每个农民保留一点点自留地，过去生产的粮食都不够吃，所以就算你有自留地，一般也只能用来生产产量很低的庄稼，所以农民也很少去种蔬菜。

我记得那个时候的产品，要不是国营企业出品，或者就是街道集体企业生产，农村合作社的产品由于技术和资源的限制，都很少看到。所以那时候我们买东西，能买到国营的产品，就认为买到好东西了。当时物质极端匮乏，买东西不容易，买电视更不要谈，在那时属于奢侈品，只有高级干部家才能买得到。买肉要肉票，买粮要粮票，买布要布票，买油要油票。那时候根本就不需要销售，国家统购统销，你生产的东西，无论是合格品还是次品，都是国家的。我记得那时候去商店头东西，你是要买一等品、二等品或是次品，都可以跟营业员说明，价格都会不同。我印象中，基本上没有卖不掉的产品，当然不是那时候购买力有多好，而是那时候产品真的很少。

到了 70 年代后期 80 年代初期，随着改革开放的推进，农村开始出现了小作坊发展起来的乡镇企业，城市街道开办的生产企业，这时候，你要跟大的国营企业竞争是很难的。国营企业的产品，国家依然包销，那时候的商业形式是，国营企业的产品由国家收购，然后层层通过诸如百货批发站、粮油批发站、家电批发站、中药西药批发公司等等，再批发给小型商业公司、百货商场、乡镇供销社、商店等。

这时候，乡办企业或是街道企业的产品怎么办呢？就产生了供销员这样的职业。供销员一方面负责采购工厂需要的原料，另一方面负责推销工厂生产的产品，都是有关系的人才能担任这样重要的职位。这些供销员当然首先会攻关上一级的批发站，一般能进入批发站，你的产品就基本上不愁销售了。批发站下面按产品分为很多的批发部，批发部主任那时候是很吃香的人物，厂家为了让你多销他的产品，就会拉拢批发部主任，批发站那时候属于全民企业，直属各地商业局，虽然同属商业系统，商场需要拿到好的折扣，也要跟批发部门搞好关系。

这时候开始，国内第一批业务员开始走大街串小巷，带着工厂的样品到处推销，不过这时候推销的难度不大，因为经济刚刚发展，生产力还不发达，产品依然匮乏，不过开始好转，推销的目的不是让你把难销的东西销出去，而是让你为你的产品找到合适的人使用就可以了。

80 年代开始，随着私营企业越来越多，产品也开始积压，到了“酒香也怕巷子深”的时候。电视开始走进千家万户，70 年代后期 80 年代初一个人成功的标志就是你步入了万元户的行列。成了万元户，你就可以到黑市买一台电视，电视那时候还是奢侈品，为什么要到黑市？改革开放以来，出现了一个新的行业，叫“官倒”，那时候，当官的拥有别人没有的签字权，签个字，你就可以拿到电视票、自行车票，甚至汽车票，有的人拿到这样的票，就可以到黑市，几倍的价格把这样的特定购买权出售，就出现了官商勾结的“官倒”，倒买倒卖，现在有一些大型企业就是那时候靠关系做倒爷赚到的第一桶金发展起来的。

有了电视，就开始有了电视广告，可能很多人都没看过80年代的广告。那时候，也没有什么广告制作能力，广告基本的组成是图片加文字说明，加播音员的配音，就形成了第一代的电视广告，企业开始主动推销起自己的商品。

当时外来的文化也开始进来，人们开始迷恋外来的文化，广告出现了动态的，还记得当时有一个广告：一个留着中长发的文艺青年，一边谈吉他，一边跳舞，一边唱着广告语，广告语我到现在还记得，“燕舞、燕舞，一片歌来一片情”，那是“燕舞”音响的广告语，现在想起来很有意思。

广告的出现，其实就标志着市场营销的发展，生产厂家不再追求简单市场占有，不再追求简单的利润诉求，开始寻求利润最大化，开始给更多的产品赋予它文化，赋予它艺术，让产品不但能满足简单的物质需求，开始满足人们的面子需求。开始赋予产品附加值，让人们用得更体面，更便捷，更容易，诸如傻瓜相机、随身听、电子手表都是那时候开始出现的产品。人们开始不满足于基本的需求，物质生活开始丰富起来，人们不但追求吃得饱，还追求吃得好，不但追求可以用，还追求用得好。

后来，随着乡镇企业的发展，非公有制形式的企业快速发展，市场处处是机会，由于信息的不对称，到了“一个傻子都会做生意”的时候，只要你找到货源，买回来东西，找个合适的地方用合适的价格就可以卖掉。我称这样的商业形式是一种地毯式的商业模式，这种地毯式的商业模式孕育了一大批商界的精英，很多商界的精英都是80年代中期至90年代初期从几千元的规模开始起步的。

随着市场经济的推行和发展，乡镇企业在中国大地如雨后春笋般涌现，国内第一批业务员90%以上的都出来开始自己创业了。因为那时候知道销路，只要有订单，就可以组织人手，简单的生产工具和设计，几个人，就开始了家庭作坊的发展。在这一时期，许多私人作坊得到快速发展，现在的很多集团企业、大型私营企业都是从那时候发展起来的。

这时候，中国就进入一个市场营销的时代，如果用时间做定义，我认为就在80年代后期，90年代初期。国家的政策也开始发生变化，不再追求单一的公有制形式，称这种有市场调节功能的经济形式为有社会主义特色的市场经济形式，开始大力发展私营企业、个体经济，集体经济这样的非公有制模式。1992年，党的十四大正式确定中国经济体制改革的目标是建立有社会主义特色的市场经济，标志着中国的销售从过去的计划经济统购统销正式转变到以市场为调节的市场营销。其时市场营销才真正在中国快速发展起来。经济快速发展，产品极大丰富，原来的批发站模式逐渐失去它原有的功能和作用，超市这种更便捷的商业形式开始大量出现，小商品市场开始遍地开花，个体小商店、个体超市开始快速繁殖。

21世纪开始，随着电子商务的快速发展，人们的生活节奏越来越快，也催生了很多懒人，随着现代物流业的快速发展，人们的消费理念和生活习惯也随之改变。除了饭不可以请人代吃，病不可以请人代看，婚不可以请人代结，很多的东西都可以送货上门。衣服家里买，食品家里买。新的销售模式的变化也加剧了企业的竞争。在10年前，我曾经预料，淘宝这种模式，会越来越成为经济发展的“怪胎”，可是这种消费形式又像“大烟”一样，让你知道他明明会上瘾，还是丢弃不了。

现在的销售，比质量，比服务，更比价格，其实价格的竞争是一种最低端的竞争手段。但是在电子商务这样的模式下，你没有一个让人动心的价格，别人看都不看。于是很多的生产厂家，每天琢磨的事情就是怎么降低自己的生产成本，而不是怎么提高自身的质量和产品附加值。这两年，你会发现，奢侈品不堪假货的冲击，出现了关店潮，传统的百货，出现了关店潮，大企业干不过小企业，小企业干不过小作坊，小作坊干不过个人。一切都以价格为风向标，企业为了价格优势，不得不扩大规模，不得不加大生产的批量。有的卖真货的不如卖假货的，一些企业进入一个死循环，所以我说淘宝是中国未来经济的“怪胎”，可能马云知道了不高兴，但是，我想他当初也不希望这样的事情发生，所以有了天猫的出现，可是天猫还是没能扭转这样的状况。

这种状况产生不容易，消灭它一定也不容易，希望有一天，随着经济的发展，人们对知识产权的保护越来越重视，我们所有从事流通的有识之士一起努力才能摆脱这种局面。

上述是跟大家简单介绍一下什么是市场营销，市场营销在我国是一个什么样的发展过程。下面主要跟大家讨论怎么做好我们自己的营销，怎样用追女朋友的方式找到我们的客户，并跟他做成生意。

既然是市场营销行为，不管我们负责的产品是什么产品，我们都要遵守市场规律，其中最主要的行为就是跟人打交道，跟采购商打交道，跟终端客户打交道，跟产品使用单位打交道。

第三章

市场营销是个了不起的工作

一谈到销售,很多人简单地认为是"卖东西",这只是对销售很片面的理解,其实人生无处不在销售,销售实际上是一个分析需求、判断需求、解决需求、满足需求的过程。比如我们到一个新的环境,进行自我介绍,就是对自己的一种销售;再譬如我们做一个学术报告,就是在向与会者销售自己的一些观点,诸多种种不胜枚举。

市场营销是个了不起的工作。亚洲首富李嘉诚曾经说过:"我一生最好的锻炼是做推销员,这是我用 10 亿元也买不来的。"

李嘉诚,大家应该都知道,长江实业集团有限公司董事长,1928 年生于广东潮州,1940 年,为躲避日本侵略,李嘉诚随父母全家逃难到香港,投靠家境富裕的舅父庄静庵,可惜不久父亲因病去世。身为长子的李嘉诚,为了养家糊口及不依赖别人,决定辍学。他先在一家钟表公司打工,之后又到一个塑胶厂当推销员。由于勤奋上进,业绩一直很突出,只两年时间便被老板赏识,升为总经理,那时,他只有 18 岁。1950 年夏天,李嘉诚立志创业,向亲友借了 5 万港元,加上自己的全部积蓄 7 000 元,在筲箕湾租了厂房,正式创办"长江塑胶厂"。

1958 年开始投资地产,1979 年购入老牌英资商行"和记黄埔",成为首位收购英资商行的华人；1981年获选“香港风云人物”和太平绅士；1989年获英国女王颁发的CBE勋衔；1992年被聘为港事顾问；1993年度香港风云人物；1995年至1997年任特区筹备委员会委员。自从1999年被福布斯评为全球华人首富以来，连续15年蝉联华人首富宝座。

2011年，李嘉诚工夫茶传奇故事入选国家孔子学院汉语外教文章。2014年《福布斯》杂志公布的全球富豪排名，李嘉诚的净资产总值高达310亿美元，蝉联亚洲首富，全球排行第20位。2014年3月，李嘉诚将屈臣氏股份近25%作价440亿港元卖给新加坡主权基金淡马锡，在8个月中已套现超过710亿港元。2014年3月，出版相关传记《李嘉诚：成功没有偶然》。

台塑大王王永庆大家都知道，可是不一定知道他是卖米出身的。我比较关注成功企业家的成长故事，但记忆最深刻的，还是台塑创始人王永庆卖米的故事。

王永庆15岁小学毕业后，到一家小米店做学徒。第二年，他用父亲借来的200元钱做本金自己开了一家小米店。为了和隔壁那家日本米店竞争，王永庆颇费了一番心思。

当时大米加工技术比较落后，出售的大米里混杂着米糠、沙粒、小石头等，买卖双方都是见怪不怪。王永庆则多了一个心眼，每次卖米前都把米中的杂物拣干净，这一额外的服务深受顾客欢迎。

王永庆卖米多是送米上门，他在一个本子上详细记录了顾客家有多少人、一个月吃多少米、何时发薪等。算算顾客的米该吃完了，就送米上门，等到顾客发薪的日子，再上门收取米款。

他给顾客送米时，并非送到就算。他总帮人家将米倒进米缸里。如果米缸里还有米，他就将旧米倒出来，将米缸刷干净，然后将新米倒进去，将旧米放在上层。这样，米就不至于因陈放过久而变质。他这个小小的举动令不少顾客深受感动，顾客便铁了心专买他的米。用现在时髦的话讲：王永庆的店铺赢在细节，他的产品品质好，服务还周到，让客户非常满意。

就这样，他的生意越来越好。从这家小米店起步，王永庆最终成为台湾工业界的“龙头老大”。后来，他谈到开米店的经历时，不无感慨地说：“虽然当时谈不上什么管理知识，但是为了服务顾客做好生意，就认为有必要掌握顾客需要，没有想到，由此追求实际需要的一点小小构想，竟能作为起步的基础，逐渐扩充演变成为事业管理的逻辑。”

两位企业家的成功给了我很深的启发甚至是感动。同样是卖米，为什么王永庆能将生意做到这种境界呢？关键在于他用了心！用心去研究顾客，研究顾客的心理，研究顾客的需要，研究如何去满足顾客的需要。不单纯卖给顾客简单的产品，而是将顾客的需求变成自己的服务项目，与产品一同给予顾客。

由此，我们更可以看出服务的价值。顾客从其他米店也可以买到米，但从王永庆的米店里买米，会感觉自己的所得是超于产品价值的，这超出的价值便是服务。令人感动的服务绝不仅仅是微笑能涵盖的，它融合在每一个工作的细节里。如果去衡量的话，衡量的标准便是：你是否在与顾客交往的每一个环节上都细心地为顾客的方便与顾客的利益着想了？我们应该明白的是：在如今技术高度发展、产品同质化越来越严重的形势中，一个企业如果想存活并发展，就一定要有超越产品的让顾客愿意为之捧场的理由。只有乐于把方便给予他人，把利益给予他人，把温暖给予他人，把服务给予他人，才能塑造出企业独特的魅力，赢得顾客心。

谈起乐嘉几乎无人不知，无人不晓，他和孟非曾被誉为“全中国最知名的两个光头”，《非诚勿扰》让乐嘉一炮而红。然而，在舞台上雄姿英发、指点江山、激扬文字、口若悬河的乐嘉也有着鲜为人知的艰辛经历，他就是从一个普通的业务员起步的，可能大家就不一定知道了。

乐嘉 1975 年出生于上海，祖籍浙江宁波。他参加工作很早，在宁波中专（宁波职业技术学院前身）金融专业毕业后才 16 岁，就进入了银行系统工作，在当时来说，应该是个不错的金饭碗。母亲期待他从头做起，一步一个脚印扎实安稳地做到银行行长。但他忍受不了银行的刻板无聊，一想到要在钢筋混凝土的格子间里过完终生，他就要发疯。

一次偶然的机会，乐嘉接触到雅芳产品，他向银行老同事推销，卖了 900 元后从中提取佣金 200 元，那时他一个月的工资只有 170 元，只要动动嘴皮子，就可以有这么高的收入，他为此激动不已。辛辛苦苦坚持了两年，他不顾妈妈的强烈反对偷偷地去应聘销售员。

于是，一路下来，乐嘉先后做过售楼员，做过导游，甚至在酒吧吹过长笛。

乐嘉喜欢销售工作，仅做了两个月，就取得了销售额达到浙江省第一名的成绩。雅芳在宁波成立分公司时，有 500 个人去应聘经理，在所有应聘的人中，乐嘉年龄最小，学历最低，管理经验最少，但他有直销经验，又颇得总裁好感，过五关斩六将后成为雅芳公司一员，上海总裁问他愿不愿意去上海培训部，他第一次听到培训这个词，但他得知一可以去全国各地出差，二可以离开宁波老家摆脱妈妈的束缚和管教，他就欣然接受了这份工作，高高兴兴地前去报到了。

后来，他就从培训起一步步开始了自己的事业。

上面列举的几个人可以说都是从销售出身一步步发展起来，我相信，如果你从事了销售这项工作，你也能有一个不错的未来。

现在最关键的就是你怎样把销售做好。

真正顶尖的推销员都有一个宗旨、一个使命，他知道在拜访客户的时候,他代表的是公司,代表的是最佳的产品、最佳的服务,代表的是市场上最有价值的产品。当你不够自信,不觉得你的产品或服务是这么有价值的时候,任何的产品你都推销不出去。因为要想说服顾客,首先得说服自己。自信是信心的传递,是情绪的转移,假如你对自己的产品没有这样的热忱,没有这样的信念,或者你不是很迫不及待地想要分享给别人,事实上你已经没有办法推销了。

第四章
用追女朋友的方式做营销

上面跟大家简单介绍了一下市场营销的由来和发展，大家最关心的还是作为一个普通的业务员，怎样让我的业绩最好？怎样做好我的区域？怎样做好我的市场？怎样把我的产品卖给我的目标客户？现实工作中，我们经常会困惑于不知道客户的真正想法，会遇到各种各样的问题。

比如：

1. 不知道自己的产品有没有市场。

2. 不知道自己的市场在哪里。

3. 市场就在眼前，不知道如何下手。

4. 找不到目标客户。

5. 找到目标客户了，不知道要找谁。

6. 约不到客户，特别是高层。

7. 见客户不知道说什么，尤其怕见高层，刻意回避。

8. 除了产品和方案以外，和客户找不到其他的话题。

9. 不知道客户在想什么。

10. 客户总说暂时不需要。

11. 客户总是不着急，不知道他什么时候才能下订单。

12. 客户当面说很好，就是不下单。

13. 项目进度缓慢，无法按计划推进，销售周期没法控制。

14. 客户不认可方案的价值，即使认可价值但不认可价格。

15. 如何清晰地告诉客户我们的优势。

16. 为什么总是我推客户，而不是客户推我。

17. 总是让客户牵着走，怎样让客户跟着我们走。

18. 如何突破与客户的地位和年龄差距。

19. 客户好像心里有“别人”。

20. 客户明知道我的对手并不如我，为什么还选择他……

很多的时候遇到类似的问题，我们往往不知道该怎么办，特别是一些“菜鸟”。很多没有经验的业务员经常被市场或客户牵着鼻子走，往往在销售工作中抓不住主动权，经常是客户主动通知我们可以供货才知道生意做成了，我们只知道客户购买的表面原因是那些众所周知、冠冕堂皇的理由，却不知道客户购买的背后，客户在内心深处还有某种诉求、感觉和期望！相比产品和方案的特性、优势和价值，真正主导客户采购的，是那种内心深处的东西！

而这种内心的东西我们很难掌握，很多的业务人员经常问起：怎么才能了解客户的心思？怎样才能抓住客户的心？

我问他们：“你把客户当女朋友对待了吗？”

他说：“有呀，我对她比对我女朋友还好。”

我说：“客户如果不跟你做生意，你还把她当女朋友对待吗？”

他若有所思，想了想说：“好像也没有。”

如果你能用追女朋友的方式追客户，不管她生气也好，耍小脾气也好，就算不爱你，你也会对她好，这样，客户是不是容易被你俘获？给你订单？

小故事

像满足情人那样去满足顾客的要求

第二次世界大战后，克罗格公司为加深顾客对公司商品的印象，促进销售，首先进行了顾客调查活动。在所有收银机旁安装顾客“投票箱”，顾客可以把自己对克罗格公司的意见和建议投入箱中，如需要哪种商品、哪种商品应如何改进、需要什么专项服务等等。在每一张“票”上都留下顾客的姓名和联系地址，一旦该顾客的建议被采纳，可以终生免费在克罗格公司的商店里享受该种服务，还可以获得公司赠与的优惠折扣消费卡，购买任何商品时都享受减价优待。

“投票箱”深受顾客欢迎，建议者络绎不绝。克罗格公司根据顾客的建议对症下药，使公司每一种新上市的商品都能一炮打红，公司的经营覆盖区域扩大到得克萨斯、明尼苏达和加利福尼亚，1952 年的销售额突破 10 亿美元大关。

1970 年，掌舵人詹姆斯·赫林提出：“要生存得更好，就只有像满足情人那样去满足顾客的要求。”克罗格公司也确实做到了：公司的企划、广告、革新都是根据顾客的意愿来进行的。

以客户为中心服务的零售店——克罗格公司，经历百年，创造了世界零售百年史上的若干个第一，成功成为世界 500 强，其发家史，贯穿的重要理念就是“顾客是上帝”，需要超越期望的服务。

那可能你要问，我也知道像追女孩子一样去追客户，可是我怎样找到我的目标客户？

一 找到心仪的目标(相见)

一个业务人员，在选定了目标市场后，要找到目标客户，就像谈恋爱，首先要能找到心仪的追求目标。

电影《非诚勿扰》里秦奋关于未来妻子的要求有一段精彩台词："征婚启事：你要想找一帅哥就别来了，你要想找一钱包就别见了。硕士学历以上的免谈，女企业家免谈(小商小贩除外)，省得咱们互相都会失望。刘德华和阿汤哥那种才貌双全的郎君是不会来征你的婚的，当然我也没做诺丁山的梦。您要真是一仙女我也接不住，没期待您长得跟画报封面一样看一眼就魂飞魄散。外表时尚，内心保守，身心都健康的一般人就行。要是多少还有点婉约那就更靠谱了。我喜欢会叠衣服的女人，每次洗完烫平叠得都像刚从商店里买回来的一样。说得够具体了吧。自我介绍一下，我岁数已经不小了，农村身份出去的，在农村生活过十几年，没正经上过学，蹉跎中练就一身生存技能，现在学无所成外地归来，实话实说，应该定性为一只没有公司、没有股票、没有学位的，还无钱，无房，无车，无老婆，无孩子，无长相，无……"

如果你想找一个心仪的女生，首先自己要先对未来的女朋友有一个设想，首先她要是一个正常的女性，她要是大学毕业就好了，她要是有个稳定的工作就更好，最好是本地人，这样交流起来就很方便，她要是再漂亮点，那就更完美了！在追求女生之前，很多男生肯定都有这样的盘算，那就是确定目标，在确定目标后，就要开始行动。

如果有一天，发现有个心仪的女生，首先的问题是要想办法靠近她，了解她，了解她的联系方法，了解她的现状。做生意也是一样，如果我们来到一个陌生市场，首先要做好调研，本地的市场在哪里？有哪些潜在的机会？有哪些竞争对手？如果是做医疗器械，你要知道，本地有多少家医院？哪家医院最大？哪家医院最权威？你做的产品属于哪个科？这个科目当地的权威或是学术主任是谁？本地都有哪些大的经销商？这些经销商都代理了哪些品牌？自己是先选一个小客户或是小医院下手，还是直接找到大的代理商做代理？还是先攻下重点医院，重点科室，拿下最权威主任所在的医院？

当然我们说的是一般的情况，如果是一些国际大品牌，来到一个新市场，肯定是高举高打，从上而下。而我们很多的民营企业，开始的时候没有这样的实力跟外资品牌拼实力，但是我们可以从二线的代理商入手，或是二级的市场先下手试试水。一方面这样的市场容易做成，这样的经销商也是在夹缝里求生存，一线的品牌找不到他们，三流的品牌又没市场，这样的客户，你找到他，他一定会一心一意帮你做好。如果直接做终端客户，还是拿医院做比，一线的医院可能打进去有难度，我们可以选择先做老二甚至老三，当地的专家所在的医院可能难做进去，这样的专家应该有很多的学生，我们可以先从他学生负责的科室入手，如果他的学生用的好，再影响最大的医院，那这样你的产品在当地的市场占有率就会有很大的提升，这样的战略，我给他命名“农村包围城市”。

案例一

宝洁公司的市场调研左右公司的决策和并购

宝洁公司的市场调研机构叫做消费者和市场知识(Consumer &Marketing Knowledge，CMK)，它的目标是将消费者洞察深入到每个层次的决策中，为宝洁公司 CMK 工作的团队布满全球，包括全球业务单位(Global Business Units，GBU)，研究各个国家各种肤色对产品性能使用的偏好，它的工作重点是关注长期的品牌资产和启动开发项目，市场开发组织当地的市场中心和零售商。还有一些相对小的、集中于CMK的小组,它和产品线合作,关注三方面的工作:(1)开发适当的市场调查方式;(2)将核心调研成果的应用落实到公司的各个部门;(3)共享服务和基础设施。CMK借助了传统的调研方法,如品牌跟踪,所有的市场调查的结果影响着产品上市,影响着公司的决策,并购竞争对手等。

案例二

不一样的出租车司机

有一个出租车驾驶员曾被一些大公司请去为公司的业务人员进行培训,让他分享他能做到而其他出租车做不到的业绩。

场景一:医院门口,一人拿着药,另一人拿着脸盆,两人同时要车,应该选择哪一个客户?

答案是选择拿脸盆的那个客人。因为拿着脸盆在医院打车的是出院的病人,出院的病人通常会有一种重获新生的感觉,重新认识生命的意义——健康才是最重要,因此他不会为了省一点车钱而选择打车去附近的地铁站,而后换乘地铁回家。而拿药的那位,很可能只是小病小痛,就近选择不远的医院看病,所以打车的距离不会很远。

场景二:人民广场,中午12:45,三人在前面招手。一个年轻女子,拿着小包,刚买完东西。还有一对青年男女,一看就是逛街的。第三个是里穿衬衫、外套羽绒服的男子,拿着笔记本包。应该选择哪一个客人?

答案是:选择拿笔记本包的那个客人,因为在这个时刻拿笔记本包出去的是公务拜访，很可能约的客户是下午两点见面，车程约一小时。而那个年轻女子是利用午饭后的时间溜出来买东西的，估计公司很近，赶着一点钟回到公司上班。那对青年男女手上没什么东西，很可能是游客，也不会去远。

案例三

优秀的营销人员总能找到更好的商机

保险公司小原打算货比三家后买件礼物给女朋友，正好在一家水晶店中看中一件吊坠，正巧旁边的一位先生也问这件水晶的价格。女售货员很礼貌："600元。""好，你给我包起来。"先生未太多思考就付款买走了水晶吊坠。小原觉得这位先生的消费能力一定能够为他创造业绩，于是他就跟随这位先生进入了旁边的大楼，保安主任还与这位先生打招呼，等先生进入电梯后，小原就问保安主任，刚才那位和他打招呼的人是谁，保安主任问："你是什么人?"

"是这样的，刚才在商场我掉了钱包，他帮我捡起来却不告诉我名字，我想写封信表示感谢。"

"哦，他可是好人呢，是AA公司的总经理呢，为人很好。"

第二天，小原就来拜访这位经理，几次沟通后，总经理给自己和家人买了好几份保险，还推荐给员工，因为是总经理推荐的，自然员工也买了不少。

美国一个制鞋公司要寻找国外市场，公司派了一个业务代表去非洲一个岛国，让他了解一下能否将本公司的鞋销给他们。这个业务代表在非洲待了一天后发回一封电报："这里的人不穿鞋，没有市场。我继续待在这里也没什么价值，我即刻返回公司。”

公司又派出了一名业务代表，第二个人在非洲待了一个星期，发回一封电报：“这里的人不穿鞋，鞋的市场很大，我准备把本公司生产的鞋卖给他们。”公司总裁得到两种不同的结果后，为了解到更真实的情况，于是又派去了第三个人，此人到非洲后待了三个星期，发回一封电报：“这里的人不穿鞋，原因是他们脚上长有脚疾，他们也想穿鞋，过去不需要我们公司生产的鞋，因为我们的鞋太窄。我们必须生产宽鞋，才能适合他们对鞋的需求，这里的部落首领不让我们做买卖，除非我们借助于政府的力量和公关活动搞大市场营销。我们打开这个市场需要投入大约 1.5 万美元。这样我们每年能卖大约 2 万双鞋，在这里卖鞋可以赚钱，投资收益率约为 15%。”

市场就是这样，同样的信息，不同的人会得到不同的结果，消极的人难以发现其中的机会，积极的人总能从看似不利的消息中找到可以利用的机会，找到心仪的目标客户。

小 故 事

把梳子卖给寺院

一个营销培训班，布置了一份作业，就是把梳子卖给寺院的和尚。

第一个业务员，去了寺院，发现和尚没有头发，根本不需要梳子，业务员很失望，但是知道要完成销售的作业，硬着头皮，说服一个来烧香的香客，买了一把梳子。

第二个业务员要比第一个聪明，他找到一个小和尚，跟和尚介绍梳子有按摩头皮的功能，这样能保持自己精力充沛，因为小和尚在做功课的时候，很容易打瞌睡，每次打瞌睡，就会受到方丈的责罚，于是他卖出了几把梳子给几个小和尚。

第三个业务员，找到方丈，首先恭维了一番方丈的书法，跟方丈了解了最近香客有下滑的趋势，原因是，附近又开了一家寺院，所以本寺院的香火有下滑的趋势，业务员就建议方丈，为何不在梳子上题上方丈的书法，然后把梳子作为礼品送给每个香客，一方面梳子有实用的功能，另一方面，梳子又接受过方丈的开光，而且有方丈的题词，很有纪念价值。

方丈接受了业务员的建议，出乎意料的是，很多的人冲着要一把方丈题词的梳子，从很远的地方慕名而来，从此寺庙的香火越来越旺，当然梳子的生意也越来越好！

市场营销就是这样，帮客户制造需求，再帮客户解决需求，并实现自己销售的目的，当然上述的目标客户就是和尚，和尚本来没有梳头的需求，可是制造了一个赠送香客礼品的需求，这个需求甚至远远超出了原有市场的需求。

如果确定了目标客户，下面的问题就是怎样把你的产品成功地送到客户的手上。

我在培训业务员的时候，经常带大家到街上，现场给他们布置任务，要求他们在规定的时间，找到目标女生，然后用最短的时间让目标人相信你，给你手机号码或是 QQ 号码。

其实这样的锻炼很有效果，原因很简单，你怎样用最短的时间让你要交流的人相信你？就算你编一个谎言，你怎样把你的谎言说得很真诚？你怎样用最短的时间让你的目标客户知道你要干什么，凭什么要她号码？一个优秀的业务人员需要这样的能力！

在设计心仪目标的时候，可以坐下来，拿张纸，我需要的客户是什么类型？不妨在纸上写写画画，给自己来一次头脑风暴，把最符合心仪客户的特质在纸上写出来，就像画素描，轮廓有了，样子就出来了，我是要找最大的客户还是找最合适的客户？谁是最合适的客户？最合适的客户应该具备哪样的条件？具备这些条件的客户本地有哪些？

刚去一个目标市场，有的人信心爆棚，觉得市场真大，机会真多，准备施展身手，反正客户多，先随便找几个试试，做不成，还可以再找。经验告诉我们，切记不能随便去碰第一个客户，第一个客户一定要成功，一方面检查自己的能力、产品的性能和影响，第二方面给自己树立成功的信心。如果不经准备，就随随便便去接触第一个客户，被拒绝，再做第二个客户，再被拒绝，这样下去，很容易陷入没机会的恐慌之中，也会对自力的能力产生怀疑。

我培训业务员，无论是熟手还是新手，一般都会花一个月去培养他。第一周，让他做一份行业报告，逼他去了解市场，了解行业，调查好了，要写一篇调查报告，还要经过老的业务员组成的专家审核和提问，一点不比毕业论文简单。第二周，让他做一份产品报告，了解产品，了解竞争品牌的状况，同样也要经过这样的审核和答辩。第三周，让他熟悉自己的产品，要能熟练地把自己产品的性能和使用方法介绍给客户，当然要经过好几次模拟训练。第四周，开始尝试接触一个小的市场，服务一个公司成熟的老客户，开始尝试接触第一个小客户。这四周的过程要全程手把手地去教他，第二个月来的时候，应该可以放手让他去做了。

在医疗器械行业，我用这样的方法，培养出很多优秀的业务员，这些业务员十有八九原来不是从事医疗器械或是医药行业，他们中有律师，有的曾经当过小老板，有的曾经做过驾驶员，有的曾经做过老师，也有做其他行业的，大部分都是转行从事新行业的。这样的业务人员我一点都不担心，他们共性之处在于：(1) 到一个新鲜的行业，充满了好奇。(2) 因为换了行业，对新行业不太懂，谦虚肯学习。(3) 因为跨行，这样的业务人员不会有太多的不同意见，在前期学习期间一定会按照你的要求入模子。据我的经验，这样培养出来的业务员执行力很强。

有了这样的指导后，我们就知道了该找什么样子的心仪的客户，找到心仪的客户以后，就把她列为目标，开始追她，追她先从什么入手？先找双方的共同点！

二 找到彼此的共同点（相识）

在对恋爱关系的研究中，我们发现外表对于恋爱初期的关系确定起很重要的作用。我们每个人都想找到漂亮的另一半，然而另一半一般也是这么想的，所以一般来说，伴侣之间的学识、外表、身高、社会关系等水平是相近的，我们说这样的情侣是匹配的，这样的情侣成功率也会高一些。

生活中我们发现很多奇特的现象，身边很多的夫妻有夫妻相，大家分析的原因是夫妻双方共住一间房，同吃一锅饭，长时间一起生活，再加上爱的交融，慢慢就在一个方面共同发展了。但我不这样认为，我认为夫妻相最初产生在谈恋爱期间。

在这个世界上，我们见得最多的人是谁？父母？孩子？伴侣？其实都不是，世界上，见得最多的人是自己，自己每天在镜子面前左边一下右边一下，生怕哪里没注意影响自己的形象，女生更是，女生每天会花大量的时间照镜子。不管你长什么样子，每天看，每天看，看多了即使丑也顺眼了，也对自己越熟悉了。

就像马云，马云刚出名的时候，大家一看到他，大多会在心里瞎琢磨：这小伙子，那么有才，怎么长成这个样子！庆幸自己比马云帅多了。事实上，生活对每个人是公平的，马云要是长得帅一点，他可能花在照镜子和自我欣赏的时间多了，也就没有今天的成就了。

所以无论你长什么样子，自己最熟悉的面孔，肯定是自己，认为世界上最看得顺眼的也是自己。看现在微信圈，每天刷频刷得最多的十有八九是女生的自拍照，无论她有多丑，她总能找到自己最完美的一个拍摄角度，而且她觉得此时的自己在这个世界上最顺眼。如果有一天，你遇到一个女孩子，刚巧，她跟你长得有点像，你们是不是似曾相识？是不是感觉没有多少距离感？遇到这样的人，谈成男女朋友的几率要大很多，因为从外表来讲，你们会彼此欣赏。

有时候，第一次见女生，男生可能会说：你跟我认识的一个人很像，你很像我某个女同学，等等。当然这种措辞，现在更多的是男生跟女生套近乎的一种技巧。其实你有没有想过，如果见一个人似曾相识，是不是就会一见如故，是不是陌生感就一下子消失了，就很容易聊得起来？如果你去约会，第一眼见一个人，如果没有似曾相识的感觉，没有一见钟情的冲动，这样的恋爱，也很难成功，特别是女生，不理智的女生，有时候你皱一下眉头，她就会爱得死去活来，为什么？因为你跟她心里最喜欢的那个男神有一点貌似，可能就是你的皱眉头就会让她心动，让她死心塌地地喜欢你。

我想一般人都有过初恋的经验，往往情窦初开的时候，初恋是不理智的，一个笑容，一个表情都会让你神魂颠倒。我们男孩子从小差不多都一样，都曾经喜欢过自己的异性老师，甚至有时候心里发誓，一定要以老师为参照找女朋友，所以当你遇到一个女生，如果跟你心仪的女生，跟你熟悉的人有点像，你会很敏感，恰恰每个人的敏感点是不一样的。生活中经常遇到这样的情况：我们有时候拿着一张照片，说这个人像谁像谁，拿给别人看，别人就不一定能看出，因为每个人对外表的关注点都不一样，一般都会关注自己最熟悉或最感兴趣的部位。

总而言之就是找共同点。恋爱是这样，生意也是这样。如果长得不像怎么办？还是得找共同点，是不是有相同的人生观？是不是有相同的兴趣？是不是有相同的爱好？能谈得来，恋爱成功的概率就会高很多。做业务也是这样，过去计划经济时期，做生意的人要会喝酒，为什么要会喝酒？因为有很多的生意是在酒桌上谈成的，为什么要在酒桌上谈生意？在办公室很多的话，都是客套的话，在酒桌上就不同了，谈人生，谈理想，谈生意，甚至谈女人。几杯酒下肚，说的人眉飞色舞，听的人如痴如醉，这样的沟通，这样的场景，生意当然好做，这里的共同点就是酒，如果客户很喜欢喝酒，你不喜欢喝，你不能喝，客户很扫兴，很多的话难以敞开心扉，所以不喝几杯，很难找到双方的默契点。过去计划经济时期，很多合同的敲定是在酒桌上完成的。

如果把谈生意比喻成约会，那我想，你的外表就是你的产品，第一次见约会对象的时候，都会挑一件光鲜的能突出自己优点的衣服，就像拜访客户的时候，总要整理一下自己的样品、手册和其他演示工具，列出产品的一些特点。

如果第一次去拜访客户，客户刚好跟你长得像，那没问题，客户会跟你一见如故、亲切交谈，但是更多的时候客户跟你没长相上的共同点，所以在拜访客户之前，我们通常要做好功课，客户是男是女，客户年纪大概是多大，客户有什么娱乐兴趣，客户大概的性格怎么样，客户现有使用的产品是什么品牌，这一些都要做到心中有数。

这样的功课，越做充分，你跟客户找共同点的机会和可能性就越高。如果客户喜欢足球，你跟客户谈时尚；如果客户喜欢抽烟，你表现出对香烟反感；如果客户有洁癖，你表现出大大咧咧；如果客户是很随意的人，你表现出很拘谨，这样的见面就很难找到共同点，跟客户的沟通一定不会顺畅，客户就会有话不投机的感觉。

我们去一家企业，门大关，你要去拜访客户，你首先要面对的第一关是要敲开公司的大门。公司的大门往往被古板的大爷把守，这时候可能打开大门只要一根烟即可。给大爷点上一支烟，聊得好的话，你能得到很多有用的信息。比如老板的作息时间一般是怎样。大爷一开心，可能还会告诉你："老板的办公室在三楼最西边，他今天出去开会了，不过你明天早上 8 点来找他，他十有八九都在。"这就是找共同点，这里的共同点就是一支烟——烟民的共性。

共同点的寻找往往有助于让陌生人打开话匣子，当然共同点肯定不止一个两个，你跟客户相同点越多，大家认识了解的可能性就越大。譬如，客户喜欢打篮球，如果有一天，你假装碰巧路过他的办公室，给他送上他心仪球队的比赛球票，他是不是会喜出望外？我想过不了几天他就该跟你称兄道弟了。如果跟客户做朋友了，做兄弟了，生意还能做不成？

当然对于一个成熟的业务员，要善于找到跟客户交流的话题，这些话题可能是第一次拜访就需要现场临时找出来的，所以一个优秀的业务员一定要把自己变成一个通才，上知天文，下晓地理，谈古道今，时尚八卦，经济人文，恐怕都要懂一点。你懂的越多，跟客户可以聊的地方就越多。

你就是你自己，你的客户却千变万化，有男有女，有好说话的，有不好说话的，有直爽的，也有内敛的。遇到喜欢打麻将的，可能前一天他刚好摸到一副绝牌，在跟你聊天的时候，他还津津乐道，如果你对麻将一点都不懂，除非你装无辜，不然你会扫了客户的兴致；相反，如果你能跟客户聊点麻将经，岂不是更完美？当然我不是教你学会打麻将，去赌博，做一个特殊的业务员，就要让自己多懂一点，多通一点，你的机会肯定会比别人多得多。

案例一

在娱乐圈，汪峰怎么能追上章子怡，一直为大家津津乐道。汪峰除了音乐之外，最喜欢的就是玩牌，而且是麻将、扑克样样精通。此前，网上曾流传过一张汪峰和章子怡在一起打麻将的照片，就是两人在确定恋爱关系后，在一起时最常态的休闲方式。

汪峰有一次去澳门参加活动，轻车熟路地穿梭于各大赌场之间。那晚，他一直坐在德州扑克的赌桌前，一个多小时就赢了不少。汪峰玩牌走的是技术流，能大概算出每一次发牌的概率，还有通过牌桌上其他玩家的表情动作推测出对方的底牌，所以他一直是输少赢多，成为他那一桌上的最大赢家。

就在汪峰觉得赢得差不多了，准备收手的时候，他发现同桌上还坐着一对老夫妻，听口音是北京人，看样子不怎么会玩，已经输了不少钱。那一刻，汪峰突然起了恻隐之心，暗中放水帮了那对老夫妻好几把，后来甚至直接起身站到对方身后当起了参谋。说起来汪峰的牌技果然了得，过不多久就让老夫妻反败为胜，而他自己则没当回事地离开了。

后来才知道，那对老夫妇是章子怡的爸妈，你想因为这样的原因，是不是汪峰和章子怡在一起开始就能找到共同话题？

案例二

让客户先不拒绝，然后再进行销售

老周是个卖建材的销售人员，去拜访陌生的客户，他被客户拒绝的可能是最小的。小张是公司新来的销售人员，总被人拒绝，于是请教老周。老周告诉他，每次见新客户之前都要对客户进行各方面的了解，然后设计出客户最敏感最想探求的话题，作为吸引客户的第一武器，客户被吸引自然不会拒绝。

小张还是不懂，于是老周就带他去拜访一家装修公司，事先对该客户做过些调查，进门后他没有介绍自己的产品，而是说了一句："您好！李总，我见到了您公司装修的房子，而且还碰巧遇到了业主，那个业主对您公司有些不一样的评价呀！今天我路过这里，就进来和您交流一下，大家交个朋友。"

那位老总一看就知道是推销，本来挺排斥刚想打发他们，一听这些话心想到底他们是怎么看的？是好话还是有什么问题啊？于是马上起身招呼他们坐下问："有什么不一样的评价呀？"于是老周顺着话题开始和李总攀谈起来，最后委婉地把话题转移到产品介绍上来。小张这才明白，原来有针对性地找到对方被吸引的内容，是很好的解决客户内心抗拒的方法。

让客户不拒绝是成功推销的开始，懂得让客户如何对你感兴趣是个很好的方法，不要为了销售而硬性推销，要先吸引对方接着才能逐渐进入主题。

这里的共同点就是李总对自己公司装修效果的关注。

所以无论是谈恋爱，还是追客户，都要找到双方的共同点，有了共同点，至少大家不反感，大家才会有沟通交流的机会，如果一个女孩子第一次见你就没什么话题可以谈，她还会见你第二次？

第一次跟客户见面与第一次跟女生约会道理是一样的，彼此见一见，简单介绍一下各自的情况，相互留下号码，第一次一般只会留下点印象。在第一次拜访客户的时候，我建议不要讲太多，多听客户讲，从客户的言谈举止里总结客户的需求，他对当前使用的产品有哪些不满，他对产品的发展又有哪些期望。如果你第一次就直接跟客户开口表示想跟客户做生意，客户可能会反感，就跟谈恋爱时第一次见女生，向女生就表示，我喜欢你，我们谈恋爱吧，女生一定会认为你很随便，把恋爱当游戏。

跟客户第一次见面，客户在选择你的产品之前，也许他们正在使用其他品牌的产品，或是其他公司的服务，一般客户第一次见你，肯定也不会立即就把需求告诉你。

所以我认为，第一次拜访客户，只要能建立起联系，对你的产品有一个初步的了解就很不错了，除非，客户主动邀请你来，主动要提出采购你的产品。

恋爱生活中也有特例：很多貌似不般配的情侣，新闻上经常出现，20多岁的演艺界明星，或是某知名国际模特儿，或是著名主持人，嫁给了某60岁以上的亿万富翁，你可能会说，他们不般配，为什么他们会有婚姻，也有可能会很幸福！其实这样的案例也是一种般配，在外貌、年纪等不般配的情况下，你一定要在其他方面有足够的弥补，用美貌换取金钱，用年轻换取学识。

单般配还不是我们的目的，我们的目的是跟客户做成生意，是让客户欣赏我们的为人和产品，所以在跟客户相处的过程中，如果能做到跟客户彼此欣赏，你离成交就更进一步了！

三 让客户欣赏你（相知）

恋爱婚姻中般配的现象表明，为了使相互关系获得成功，我们应该追求般配的伴侣，应该讲究“门当户对”，除其他条件相似外，外表越吸引人，越可能被人喜爱，80%的一见钟情是对外表的一见钟情，如若你长得很帅气，她长得一点都没特点，你一般也不会喜欢她，所以谈恋爱初期，喜欢对方才有可能进一步继续下去。

如果某人长得很漂亮，却不是同样喜欢我们，去追求这样的女生，十有八九是在浪费我们的时间，当然如果你足够自信，你的内涵足够强大，你也可以去尝试，但最起码应该考虑对方有没有可能接纳自己。

我们不妨做些调查，生活中，往往一些男生看到某个女生很漂亮，很想去约她，但是估计她会拒绝自己，在拿不准女生的反应之前，大约不到10%的男生会去大胆邀请她约会，大部分男生一般会选择等一等，看看有没有其他男孩子靠近她，或是暗示自己，这样的女孩子一般都有男朋友，然后自己选择放弃。

所以退而求其次。一般来说，可能我们不是很喜欢一个女孩子，但是这个女孩子要是大胆靠近自己，我们也会欣然接受，因为我们很难拒绝那些喜欢我们的人，当然如果彼此都很心仪，都很喜欢那就另当别论了。

所以我们一般会喜欢什么人？我们一般会选择那些似曾相识，面相善良的人，亲和力强的人更能让别人接近。

做生意同样，客户一般会选择那些让他喜欢的产品，而不是那些最好的产品。适合的才是最好的。我们在选择客户的时候，也要反思：自己的产品适合这类客户吗？

我在给客户或业务员培训的时候，我经常让他们反问自己，客户凭什么选择你？是你的产品好吗？比你好的产品多了去了，是你的产品便宜吗？比你便宜的产品多了去了，是你请客户吃饭了吗？客户因为你请他吃顿饭，你就搞定他了，客户是不是太简单了？下次换成别的品牌，别的品牌是不是也很容易把你换了？

所以我经常问别人，凭什么你就应该成功？客户为什么要选择你？过去我们讲，相同的产品比价格，相同的价格比质量，相同的质量比服务，相同的服务比私底下的功夫，其实私底下的功夫就是让客户欣赏你，如果彼此欣赏，生意就好做了。

其实我们每个人都有自恋的情绪，如果遇到和我们相像的人，背景、兴趣和品位相同，会是一件让人欣喜的事情。人际关系的最基本原则也是这样，“物以类聚，人以群分”。我们每个人最相信的人永远是自己，因为自己不会欺骗自己。人们经常感慨，知己难寻，所以要想客户欣赏自己，我们要能做到成为客户的知己，如果你成了客户的知己，客户有困难了一定会想起你，找你帮忙。

一般来说，客户只会相信自己的眼光，如果他能把你当知己，他也就相信你的眼光。你的产品，他自然会优先选择。不但是你目前的产品，以后在其他产品的选用上，他可能也会征求你的意见，你的新产品他也会优先选择使用。

要成为客户的知己，不是跟客户经常泡酒吧，跟客户经常喝得面红耳赤就能做到的，你首先要站在客户的立场，你想，如果你是客户，你最希望跟什么样的人打交道？跟什么样的人做生意？你最希望选用什么样的产品？

有一次有个新业务员来跟我申请请客户吃饭，他觉得他跟客户的生意吃顿饭就能解决问题，但一般情况是客户愿不愿意跟你一起吃饭？所以我们经常会想一些方法让客户感动，其实有时候，客户就跟女朋友一样，要的不是山盟海誓，要的是你真正把他放在心里。

试想，如果客户已经吃过饭了，这时候，你再请他吃什么山珍海味，我想他都不会有兴趣。如果有一天，天意外的下雨了，你撑把伞，再拿把伞，出现在客户的面前，告诉他，你刚好路过，怕他没带伞，顺便给他送把伞，客户一定会在心底万般感谢你，可能还会约你什么时候去拿伞，这样你又可以有一次跟客户接触的机会了，这样的机会非常难得。做过医药医疗器械的人都应该知道，有时候，你想打进一家医院，主任接待你的时间就是几分钟，根本没时间听你讲很多。

我们很多的时候，一个不经意的举动可能伤害客户，也可能感动客户。

案 例 一

加加林的成功

1961年，年仅27岁的苏联宇航员加加林乘坐“东方1号”宇宙飞船遨游太空108分钟，成为世界上第一个进入太空的宇航员。事实上就是这样，很多事情，第一个永远更容易被大众记得，我们只知道加加林，就不知道第二个进入太空的宇航员了，正如中国人很多人都知道杨利伟，有几个知道谁是第二个登上宇宙飞船的？

加加林之所以能进入太空，之所以能创下这个世界第一，原因是多方面的，但一个小细节也帮了他不小的忙。

事情是这样的，在确定人选前一个星期，主设计师科罗廖夫发现，在20多名竞选宇航员的候选人中，只有加加林一人在进入飞船前脱下鞋子，穿着袜子进入座舱。论技术水平，这些宇航员个个都技术丰富，基本上都无可挑剔，那为什么偏偏就选择了技术并不是最好的加加林呢？

原来就是加加林脱鞋穿着袜子进入座舱这个小小的细节感动了主设计师科罗廖夫，赢得了科罗廖夫的青睐，他觉得这个小伙子比别人更爱惜他的座舱，更喜欢他的事业，他能珍爱宇宙飞船，也一定比其他人更珍惜难得的机会，于是设计师决定让加加林执行这次具有划时代意义的飞行。

案 例 二

不经意的感动

我在做一家建材公司总经理的时候，我手下一个业务员，学校刚毕业，但是业绩一直排在前两名。

有一次，炎热的午后，这位业务员赶到经销商那里已经是午休时间。但是在夏天，客户中午一般就在市场的办公室休息一会儿，那天刚好停电了，因为疲劳，客户已经在“火炉”中汗流浃背地睡着了。业务员拿出自己随身带的扇子给经销商轻轻地扇着风，习习凉风让客户凉爽，舒服地睡了两个小时，醒来时看到业务员汗流满面地在给自己扇风，经销商感动不已。虽是小事，却改变了这个经销商想代理其他品牌的“坚毅”决定。此后，该区域的销量一直呈直线上升，同时他还主动为代理的产品推广和介绍，接连不断地引来了其他的销售热潮，过年过节，这个业务员还经常收到客户捎来的土产。

案例三

不经意的感动

我有一个邻居，做油漆工，90 年代就进入城市打工，他的技术当时并不很出众，但他的生意做得红红火火。

有一年他去一家工厂跟好几个施工队竞争一个油漆工程，给公司的机器设备配件做油漆，当时的油漆喷涂设备还不普及，很多都要手工操作，工厂要求大家各自做一台样品，当时别的施工队都是穿着鞋子进入机器操作，只有他一个人脱了鞋子穿着袜子进入机器上油漆。

事后，我邻居获得了工厂的油漆订单，干完工程后，工厂老板又把他介绍到其他公司干活。直到现在，他还是这样认为，给人家做油漆，就是要干净，一双袜子算什么呢？一般做工的人，鞋都脏，干活不脱鞋怎么能行呢！

所以往往赢得客户的好感的不是你的产品有多好，你的价格有多诱人，你的服务被吹得有多优秀，有时候成事仅在于一个细节。

我们有很多客户属于那种学历很高的，很有智慧的类型。比如说像大学教授、科学家，他们喜欢实现自己的价值，喜欢奉献自己。这样的人有一个共同的特点，他们很有主见，不希望任何人替他们做决定，所以你不要强迫他。不要说“这个真的很好，你一定要买下它”。这样对他们行不通。对于这种社会认同型的人我们要去赞美他、去抬高他、去认同他，然后告诉他您这么有智慧，您这么懂奉献，您这么优秀，我想不用我帮您做决定，您自己就可以做最对的决定了，您说是吗？你就这样说，肯定能帮助他做决定！

在专业方面，业务员还需要专业的知识做支撑，如果在跟客户接触的过程中，客户发现你很不专业，十有八九你跟客户的生意也会泡汤。当然业务人员不可能很专业，有时候难免会遇到自己不是很清楚的问题，这便可以坦诚地跟客户表示抱歉：“您提的这个问题很好，很专业，我还不是很清楚，您要是同意，我可以请教我们技术部的同事，然后再给您答复，您看可以吗？”

当然也有的时候，客户可能对你的问题有一些了解，不一定很精通，有时候我们需要跟客户描述产品的好处，有时候我们要表达的意思最好能让客户说出来，这样我们的说服力就更大了。

譬如跟客户介绍产品的质量时，我想要表示，我们的产品是100%纯料加工的。

“您是这个方面的专家，我有个问题想请教您，您原来使用某某品牌产品的时候，好像我听说他们价格还是有优势的，不知道他们是不是使用的是100%新料？”

客户可能会告诉你：“是的，他们用的是80%的新料，20%的回料。”

“哦，我知道了，难怪他们价格要便宜点。”

其实通过这段对话我们想表达几个意思，第一，我们质量比他们要好；第二，理所当然，我们成本要比他们高。这样你的意思，通过客户的意思表达出来，第一给了客户表达专业的机会，第二，通过客户表达出你要表达的意思，更有说服力。

如果你直接跟客户表述："你们原来用的产品价格便宜，因为人家用的是混合料，没有我们的好，我们是全新的料，所以我们的价格应该比他们高。"你试想一下，两种方法产生的效果，哪一种更有说服力？

业务人员要知道，作为直接的使用者，客户永远具有话语权，客户知道你的产品哪里好，哪里有问题，竞争对手的产品哪里比你好，哪里不如你。上面讲到业务员要专业，你内心要强大，外表要谦虚，当然不是极端的那种。跟客户相处，适当迁就，有礼有节，客户讲错话了，可能他心里知道，不需要你来指手画脚，不需要你来修正。

案　例

请教客户带来成交

二手汽车业务经理带着一个苏格兰人看过了很多二手汽车，但是苏格兰人总是觉得不合适、不好用或者价格太高，迟迟不做购买的决定。为此业务经理感到非常苦恼，于是他向朋友求助。朋友建议他暂时停止向这位客户推销汽车，让客户占据主动。

几天后，公司收购到一辆旧车，他打电话邀请这位苏格兰人，说有事请教。苏格兰人听到汽车公司要向他请教，心里很高兴。到了汽车商店，业务经理礼貌地说："我觉得您是一个非常精明的买主，能够准确地把握汽车的价值，您能帮我试试这辆车的性能吗？然后告诉我，花多少钱买这辆车才划算。"

苏格兰人感到非常得意，觉得自己很有实力，居然连汽车公司业务经理都会请教他关于汽车的问题。他把车子开了出去，等他开回来时，语气坚定地告诉汽车商人："这辆车值300元，如果是这样那你就买对了。""如果是以300元的价格把这辆车卖给您，您愿意吗？"果然，那苏格兰人最终爽快地买下了这辆汽车。

你要知道，客户是上帝，上帝也会犯错误的，有时候甚至是故意的，如果你生气或发怒，得不偿失的一定是你自己。遇到这样的情况，业务人员不妨用幽默的方法转移客户的注意力。

比如客户跟你说："我看你们公司的产品做工粗糙，不会是假冒伪劣产品吧？"

其实说这话客户只是用夸大其词的方式在探询产品的质量而已，如果这时你反问："你什么眼神呀？我们质量这么好，你说我们是假冒伪劣产品？"这样能行吗？客户肯定不爱听。但是客户又确实怀疑了我们产品，这时候我们怎么面对？

如果你这样回答呢？"王总，没想到您还真幽默！真直接！我挺喜欢您的个性呢，我们哪敢把假冒伪劣产品推荐给你呀，你那么专业，呵呵！"

比如，客户怀疑你的包装，说："你们公司包装真烂！"

我们可以这样回答："王总，您说的有道理，我们公司一直致力于提高内在品质，忽视了外在的包装，想不到王总还挺有品位，我回去一定跟公司建议更换包装，下次设计包装的时候，我们请您帮我们指导指导！"

如果你这样回答客户的质疑，你觉得客户会满意吗？你觉得你会因为客户的质疑而尴尬吗？

我们有时候逛商场的时候，你有没有发现，营业员千篇一律地跟你推销衣服：你身材真好，这款衣服穿在你身上真好看。感觉她们所有的衣服我都得买下来，都适合我，遇到这种情况，我就会问她，有没有不适合我穿的款式？营业员往往会很尴尬，这都是没有正规培训的结果。

还比如去买西瓜，水果摊老板十有八九都跟你保证每个西瓜都很甜，他凭什么保证？难道他每个西瓜都尝过？所以你跟客户吹你的产品怎么怎么好，一般来说是没有用的，客户只相信自己的眼光，相信自己的判断。

作为业务员，你永远要记住，你的产品不是100%完美，你竞争对手的产品也不是，没有谁的产品十全十美，也没有谁的产品一无是处，客户需要的不一定是最好的产品，他们只是在找最合适的产品，当然什么是合适，什么是不合适，客户心里有把尺子，这把尺子有点弹性，如果你能搞定他，尺度你就能把握！

追女朋友，开始的时候天天发个短信，间隔一天出来吃次饭，大家彼此有一点点意思，可能你还没牵过她的手，可能她还对你不反感，但你苦于不知道什么时候可以大胆前进一步，哪怕是牵牵她的手，你都很满意。你苦于不知道什么时候该进一步，可以去牵她的手，万一冒失又怕让她生气，以后不理你，可是你平时又很忙，老是逛街吃饭，不知道哪天可以进一步，这时候不妨以退为进，突然消失几天，她要是真的喜欢你，可能会主动关心你，最近怎么啦？怎么没联系？是生病了还是出差了？这时候你就有戏了，你需要编一个善意的谎言去骗她一下，你告诉她生病了几天，不希望自己不堪一击的形象给她留下坏印象，她可能会跟你发发嗲：“讨厌，人家惦记你嘛。”此刻，你自然知道她的心意了。

在跟客户慢慢相处的过程中，业务人员也很彷徨，有时候拜访客户，间隔太长不好，太频繁也不好。如果你是一个医药代表，根据你的拜访计划，可能每周要去这家医院拜访一次，每次都去拜访科室主任一次，你每次都在差不多的时间跟主任打招呼，突然有一段时间，主任没看到你了，可能会主动问你："小陈呀，最近怎么没看到你呢，公司是不是把你调走了？"

这时候，你也可以编一个谎言，告诉主任："主任，不好意思，最近回趟公司，被公司批了，这两个月业绩不好，被公司处罚了，最近按照公司要求我天天往乡下跑，这两天很疲惫，没好意思去看您。"

如果这家医院跟你有生意，可能主任会帮帮你，多用一些你的产品，如果这家医院没有你的货，可能这时候是打进医院最好的时机了。

我们在跟客户的相处过程中，如果客户认为你是一个专业的，言而有信的人，可能偶尔会问问你一些问题，你也尽可能提供一些帮助。还是用医药来做比方，一般的医生因为晋升的关系，都需要写几篇论文，都需要一些数据，你是厂家，你一定在专业方面有很多的实验数据可以帮助医生，给他参考，如果在这方面，能给他很多帮助，比你请他吃饭、K歌，效果好很多，而且容易赢得医生的尊重。

如果你是一个值得客户尊重的人、惦记的人，那你的产品是不是就很容易被客户接受？

就像谈恋爱，如果你都不被女孩子欣赏，她能真心喜欢你？她能爱上你？如果能，那估计也是其他的因素，也不会真心对你，能喜欢你，十有八九是喜欢你的金钱或是其他东西了。

所以在营销工作中，业务人员一定要善于学习，提高自身的内涵。前面说过，你跟客户接触，你的产品是你的衣服，你个人的内涵，你的人品，会为你的形象和印象加分很多。比如，你跟范冰冰穿一样的裙子，她能穿出大牌的感觉，你要是穿呢？可能怎么看都是一件普通的裙子，我们的外在可能不容易受我们自己掌控，但我们的内在，一定可以改变。

前面也说过，我们每个业务人员一定要把自己变成一个博学家。

善于学习，你的内在，一定会随着你的学习而提升。当你知识很渊博，你追女孩子一定很容易。当你知识渊博，客户也会欣赏你，当客户欣赏你，信任你，生意也不会差很远。

上面谈的都是怎么让客户欣赏，但有时候我们发现，生活中也有些人知识很全面，懂得太多甚至让别人害怕，比如追女孩子，你比她懂一些，她会喜欢你，你比她懂得多，她崇拜你，可是你要是无所不知，甚至能算出她穿什么颜色的内衣的时候，她是不是应该怕你了？

跟客户相处也是一样，你太专业，你比客户什么都懂，客户在你面前感觉很弱势，你可能是一家大牌公司的一员，你可能是某个方面的专家，但是你要知道，客户完全可以不为你买单，所以在客户面前要谦虚，要知道：客户比我们更知道什么产品最适合他自己！

在一次培训会议上，我跟所有在场的业务人员举了个例子：你去菜场买菜，相邻的两个摊位，一个摊主很会做生意，口才很好，甚至让你觉得买了他的菜差不多可以让你长生不老；另一个摊位的摊主，很木讷，话不太会讲，甚至账都不太会算，经常多找你一毛两毛零钱，你说谁的摊位生意好？你一定会买看起来木讷的摊主的菜，因为隔壁摊主太会做生意，你会感觉有一种不安全的感觉，所以你不会买。

案　例

上帝也会犯错误

张太太是位家庭妇女，有一次她看到一家超市过期的促销单：无土有机的番茄卖6元一斤。她想，孩子喜欢吃番茄炒鸡蛋，这会又促销，于是搭乘班车前往，选购时发现价格是7元一斤，于是去找生鲜部的工作人员理论，问他们是不是价格搞错了，工作人员看了看她，再看看番茄的标价签，回答道：“价格不错呀，自己去看去。”张太太说：“你们广告上的价格是6元，这个价格不对。”

"那就找价格对的买。"

"价格都是打错的。"

"就1块钱，买不起就买便宜货，那有2块9的。"工作人员不屑地指着一小堆品相不好有些烂的番茄。

张太太虽然感到有些受屈辱，但想想算了。可又觉不舒服，打算找卖场服务中心人员，结果人家爱理不理，还丢出一堆废话，这下张太太真不高兴了，"超市不是你一家"，转身去了附近的另一家超市购物。

其实本来是张太太把促销时间看错了，工作人员只要耐心地对张太太做好解释，张太太也不会为一块钱而计较。后来张太太把这件事情告诉了周围的邻居和自己的小姐妹大概10多人，让他们去这家超市购物的时候要注意看价格不要算错钱，而且她们决定以后要购买可以几家一起去农贸市场少量批发，索性不要去这家超市了。

所以，不管是不是客户搞错了，千万不要伤害客户，"客户是上帝，上帝永远是对的"。就算上帝有时候也会犯错误，要是她不愿意购买你的产品，你再对，又有什么用处？

一个好的业务员，能做到让客户欣赏，是很不容易的。即使你能做到让客户欣赏你，客户还不一定能选择你的产品，因为他只是相信你的人，还没有真正相信你的产品，就跟追女朋友一样，女孩子开始欣赏你了，还不一定能真正喜欢你！

那么，怎样让女孩子喜欢你，让客户喜欢你？

四 让客户喜欢你(相爱)

上面讲到客户需要的是你真正的关心和认同,这和谈女朋友一样的,女朋友虽然知道你很喜欢她的外貌,可是她更希望得到你真正的尊重和发自内心的对她认可。

做生意也是一样,你要真正尊重客户的想法和诉求。

美国推销大王乔·吉拉德是世界上最伟大的推销员,甚至到现在,都没人能打破他的销售记录,据说有一件事曾经发生在他身上,使他终生难忘!

一次,某位名人来向他买车,他推荐了一种最好的车型给他。那人对车很满意,并掏出 10 000 美元现钞,眼看就要成交了,对方却突然变卦而去。

乔为此事懊恼了一天,百思不得其解。到了晚上 11 点他忍不住打电话给那人:“您好,尊敬的朋友!我是乔·吉拉德,今天下午我曾经向您介绍一部新车,眼看您就要买下,您却突然走了。”

“喂,你知道现在是什么时间吗?”

“十分不好意思,我知道现在已经是晚上 11 点钟了,然而我检查了一下午,切实想不出本人错在哪里了,因而顺便打电话向您请教。”

“真的吗?”

“肺腑之言。”

“很好!你专心在听我谈话吗?”

“无比专心。”

“可是今天下午你根本没有用心听我说话。就在签字之前,我提到犬子吉米行将进入密执安大学念医科,我还提到犬子的学科成就、活动才能以及他未来的抱负,我以他为荣,但是你毫无反应。”

乔真的不记得对方曾说过这些事，由于他当时基本不留神。他以为已经谈妥那笔生意了，就不再愿意听客户讲什么了，甚至在听办公室内另一位推销员讲笑话。

这就是乔失败的起因：那人除了买车，更须要你在意他的感受，更须要得到对他儿子的真诚称颂。

乔·吉拉德偏偏没有“站在对方角度思考与举动”。他只是想当然地认为“已经成交了”。

所以真正让客户喜欢你并不容易，一般来说欣赏是客套，喜欢就亲近多了。

生活中追女孩子，女孩子很欣赏你，把你当老师，每次都用崇拜的眼神看着你，把你当益友，但是没有把你当男朋友的感觉。经常看到这样的电影情节，男主角一直认为女主角喜欢自己，她经常也会有些温馨的举动和关怀，男主角想当然认为女孩子喜欢自己，想更进一步亲吻女孩子的时候，女孩子会给他一个耳光，为什么呢？因为女孩子一直把他当哥哥，当老师，很尊敬他，但是就没爱过，也不想破坏心底的那种美好。

生活当中也经常有这样的案例，男生跟一个女生相处很好，女生很崇拜男生，男生误以为女生很爱他，有一天想跟女生获得进一步的进展的时候，女生可能会生气，责怪男生破坏了在她心目中对他的印象，原来她只是崇拜他，并不是爱他。因为你在天上，你是神，她在人间，所以你要想办法落地。

如果生活中，你在女孩子面前表现得太完美，她会觉得跟你差距很大，觉得你难以高攀，这时候怎么办？你也不能自毁形象，告诉她，我其实没有那么好，我也有好多缺点，你能告诉她真正的缺点吗？如果说大了，可能会吓跑她。

有一次给一家床上用品的销售人员培训，跟他们讲了个例子，让她们知道怎样坦诚地跟客户交流，让客户尊重，又不会把客户吓跑，还把生意做了。

那是开在县城的一家床上用品店，店里销售二线品牌里质量比较好的一个品牌产品，如果今天看到两对小两口来买床上用品，估计都要为结婚做准备，那我们怎样来跟客户沟通呢？

第一对小两口开着一辆宝马车子来买床上用品，你可能想把店里高端的套系推销给他们，你告诉他们："我们这一款产品是今年新出的新品，质量和做工都很棒。"你可能跟他们讲了此款产品的很多优点，这时候你怎样才能让他们相信你，听从你的建议？

如果你这样说："我们这一款产品是今年新出的新品，质量和做工都很棒，但是也有个小小的缺点……"这时候卖个关子，他们一定关心你有什么缺点，此时你可以不失时机地告诉他们："价格稍微有点高。"他们会因为你的价格有点高不买你的产品吗？

十有八九不会，前面有交代，小两口开着宝马车来了，有消费能力对档次和品位更看重，但是如果你直接告诉他，我们的档次、品位都很高，试想说服力强吗？正因为有衬托，我们的价格有点高的小"缺点"，不但没给你减分，反而给你加分了，给你前面说的优点增加了可信度！

这样的推销，顾客反而觉得你可信，你更坦诚！

第二个客户，小两口，差不多年纪，很朴实，看上去从乡下来的，裤腿上还有点泥巴，开着摩托车来的，难得一次的终身大事，也想买床上用品，我们该怎么处理呢？

也像前面一样？当然不行！

我们可能会推销一套价廉物美或是去年的老款，正好有促销，可以打折。

我们可以跟他介绍打折的老款，我们告诉他，去年这款我们卖得很火，很多结婚的新人都选用这套，做工又好，质量又高，原来卖一千多，上周刚打折，现在只要八百多。

但是这样可能还是不足信，因为全是你说的，他又不知道去年是不是卖一千多，以前是不是真的买得很好，这时候，你只要告诉他，这款产品有一个缺点，不是一线品牌，但是很实惠。

是不是因为你坦诚地描述了你产品的缺点，不但没有把他吓走？反而加深了他买这款产品的信心？

有时候描述一下缺点，你收获的不是怀疑，可能反而促使他下单决心。

但是千万要注意，你描述的缺点，必须是可以忽略的，如果这个缺点让客户很在意你就失去生意了。如果你卖的是一件手术器械，你告诉医生，我的这款产品，安全性不是很高，你会吓死客户，客户永远都不会用你的产品。但是如果你告诉他，我们的包装做的不如外资品牌精致，他会在意这样的缺点吗？你的产品又不是上货架标售，你的产品的关键是，手术的安全，医生的操作便捷，至于你的包装，别人不会在意，但是这样的坦诚描述，一定会给你的表现加分的！

这是一个功利的时代，客户十有八九不相信上门推销的东西，这是种文化的差异。在发达国家，人与人相处，首先是信任你，如果你欺骗他，他就永远认为你会欺骗他，会防着你，所以在国外，违法和失信的成本很高。大家都知道，在国外报销，不要发票，只要超市或商场的收银条，因为他们的道德体系和法律体系比较健全，欺诈的后果很严重。

而在中国，现在上门推销的东西很多，改革开放以来，人们的商业意识越来越增强。我曾经遇到国内某省的生意人，我们谈市场，谈营销，他告诉我，他们那里做生意，能骗到你就骗，不能骗到你才老老实实跟你做生意，当然也不是所有的人都这样。由于小商品市场的快速发展，不少假冒伪劣产品充斥市场、电子商务平台，一些居心不良的人利用电子商务平台，追求利益最大化。所以在国内做业务，开始时把关很严，你入门很难，跟陌生人做生意，采购产品，一定是先怀疑你是不是有什么不良的居心，然后你证明了自己，才会跟你合作做生意，所以在国内，做第一笔生意很难！

因此，我总结出一点：在跟客户谈生意的过程中，坦诚最重要，千万别把自己的产品夸成一朵花一样！

现在很多人对待婚姻和爱情的观念其实有问题，婚前可能因为你帅就爱上你，女孩子可能因为声音好听就深受一个男孩子喜欢，两个人爱得死去活来，一个非你不娶，一个非你不嫁，没有太多的了解，对彼此的性格和秉性不清楚，结果产生了很多的闪婚，也产生了很多的闪离。

其实我认为，爱情和婚姻也是一次经济活动，婚姻爱情离不开经济，在契约之前，反复衡量，不是知道你有多少优点，两个人相爱，需要更多的了解两个人到底有哪些缺点，这些缺点我能不能忍受。

男孩子在结婚前，在女孩子面前都表现的很英雄，很帅气，很勤快，很大方，女孩子十有八九表现的很淑女，吃饭很小声，形象很清爽，丁是两个人很相爱。结婚后，两个人的秉性就慢慢暴露出来了，你嫌我邋遢，我嫌你不洗脚，我嫌你不干活，你嫌我抽烟喝酒打麻将。

婚后双方的缺点都暴露出来了，可能有一天会因为洗澡两个人闹离婚，女人洗澡稍微时间长点，男人这两天心情不好，跟女人抱怨了两句，女人破口大骂，当初你怎么表现的？你处处让着我，现在怎么变成这样了？当初真是瞎了眼嫁给你，我要是嫁给某某某，现在应该开上宝马了。于是唇枪舌剑，针锋相对，吵得不可开交。

其实婚姻就是这样，往往产生矛盾都是因为小问题，然后心里的结怨一下子爆发出来，最后导致离婚。

所以我说，婚前恋爱期，双方应该尽量去了解对方有什么缺点，他的这些缺点我能包容吗？他的这些缺点容许时间来慢慢改变他，要是改变慢了，也不要急。相反，婚后要欣赏他的优点："哎呀，原来他还能烧的一手好菜，本姑娘真是赚了""哎呀，原来我老婆还能唱一首好歌，哥们可以好好在朋友面前炫耀一番了。"

婚后要想婚姻长久，夫妻之间要学会相互欣赏，现在的孩子都需要赞赏教育，其实夫妻之间，更应该学会赞赏教育。有时候你看待别人的眼神会决定别人的行为。在你眼里，你老公是个顾家的好男人，你就会发现他这方面有许多优点令你喜欢，你情不自禁的赞赏也会让他好上加好。

所以相识容易，相爱其实很难，与客户交往也一样，如果客户认可你人了，一定会认可你的产品，认可你的产品，选择你的产品，有一个观点是这样讲的：人品决定销量。

有时候，公司指标没法完成的时候，你真心的恳请客户帮助，客户一定会想方设法帮你，最起码可以帮你屯点货，帮你渡过难关。不过客户的同情心也不能随便利用，不到万不得已不要启动，就像谈恋爱一样，因为男生爱你爱的死去活来，你就经常故意整他，让他半夜起来陪你 K 歌，让他周末无休止地陪你逛街，随便跟他发脾气，都不妥！你乱用客户的爱心，你也会伤了客户的心！

五 做最合适的供应商(相处)

两个人基本确定了恋爱关系后，还要相处一段时间，才知道对方是不是值得托付终生的伴侣。同样，你的客户，也了解你一段时间了，别人的产品也一直在用，虽然有换产品的打算，但是一下子下不了决心换成你的产品，他不是不喜欢你的产品，而是换产品的决心不够大，由此产生的后果和风险他还想做进一步的评估。

一般来讲，你的产品好，客户就一定会用你的，原来的产品不好，客户就一定会换，换有风险，尽管客户对原来的产品有不满的地方。每到这时，我经常会自问："客户凭什么换我的产品？客户凭什么现在就换？"

找客户和找女朋友一样，没有最好，只有最合适，那么，怎样才能找到这样的最合适的客户？

1. 首选"门当户对"的

有时候你的产品比别人好，客户不一定用你的，有时候你的产品没别人好，客户不一定不用你的。客户选择产品，跟谈恋爱一样，也要讲究门当户对，宝马的发动机再好，客户也不会把它用在奥拓上，飞机的发动机功率再大，也不会把他用在汽车上。

所以在选择客户的时候，其实客户也在选择你，选择你，一定有他的道理，不选择你，也应该有他的道理，所以我们要做的就是打动"上帝"，让他为你说好话。

当然我们要对客户做充分的调研，客户需要什么层次的产品，他大概的匹配的范围是多大？我们的产品跟他的匹配度高不高？这就是看我们的产品跟客户的需要是不是门当户对。客户肯定会核算他的采购成本，客户选用你的产品是不是给他带来更大的便捷和利益，如果是，客户会考虑更换，如果不是，至少客户暂时不会考虑更换。

也就是说，什么马配什么鞍，宝马的车身，要配上宝马的发动机，奥拓的车身，当然得配奥拓的发动机，如果奥拓有一款新产品，想要产品升级，想要生产一款稍微高端的汽车，你最多可以考虑大众的发动机。

所以有时候好与不好是相对的，合适的就是好，不合适的再好还是不合适。

2. 不要随意评判你的“前任”

有的业务员，有时候为了说服客户，说什么什么品牌不好，我的产品怎么怎么的好，这样的业务员我说他很低级，可是这样的低级错误大部分的业务员都会犯。

就像谈恋爱，女朋友刚跟别人分手，你追到她了，你为了显示比前任高明，你肯会吹，我比你前任怎么怎么的好，可是你不知道，有些方面可能你不如她前任，你一味地说前任不好，等于说她当初瞎了眼，怎么找这样的男人！

可能你有所不知，做业务时，你说你的“前任”有点“匪气”，他可能比你讲义气；有时候你的“前任”没有你彬彬有礼，他可能比你为人爽直，所以我认为，你最好别评价“前任”。

我们在评判别的品牌不好的时候，别的品牌当然也可以攻击你，说你不好。说别人不好，是最低级的竞争方式。你说别的品牌不好，似乎在变相骂你客户原来眼神不好！

有一则寓言说狮子看见一条疯狗赶紧躲开，小狮子说：“爸爸，你敢和老虎猎豹争雄，为何躲避一条疯狗？”雄狮问：“孩子，打败一条疯狗光荣吗？”小狮子摇头。

“让疯狗咬一口倒霉不？”小狮子点头。

“既然如此，干吗要去招惹一条疯狗？”

就像我们平时遇到一些不讲理的人，我们可能很生气，但是我们最好别去招惹他，别去跟他斗，跟他斗，很没有必要。

一般来说，我们不去贬低自己的竞争对手，如果竞争对手不堪一击，这样的成果也不值得荣耀。我们不说竞争对手不好，但是我们可以表达自己的产品有哪些特质比竞争对手更适合客户。有时候客户还会故意问你，问你某某品牌怎么样？要是我回答，我会说某某品牌挺好的，但是我们的产品比它更适合你。当然前面也讲过，我们也会客观地评判竞争对手的长处，也会适当地坦承自己的缺陷（不足以影响客户的选择）。

3. 要有耐心

在跟客户谈判的过程中，往往是你急，客户并不急着更换目前的供应商，或是添加新的供应商，所以就算你心急如焚，也要装着风轻云淡，巧妙地告诉你的客户，最近销量还不错，某某客户用得挺好的，公司指标也基本能完成，也要告诉客户，要是您也能用上我们产品，我们就太完美了！

这里传递给客户几个信号，有时候客户不下单，可能是你的价格还没打动他，他只是还想把你价格往下压一压，第一，告诉他：我不急，你慢慢考虑。潜台词：我有某某客户做支撑，我们的任务可以完成。第二，告诉客户：你的竞争对手都用了，你要是不用，可能就会被你的对手所反超。第三，还可以对客户说：如果你能尽快用我的产品，我会很感激你的帮忙。要是时间长了，你不得不用了，我对你的谢意可能就没那么深了！

这样的处理方式，一方面，我不求你，你我合作是双赢，你帮助我，我也会帮助你，另一方面告诉客户，就算你不用我的产品，我们依然是朋友，有用得上我的地方尽管开口。

为什么我的书名是“跟客户谈一场马拉松式的爱情”？马拉松难不难？是不是谁都能跑？客户没有随随便便能被你追到的？对客户来讲产品的单价越高，更换产品的可能性越低，产品的用量越大，立即更换的可能性同样越低，因为客户更换产品可能带来的损失或风险就会越大。所以做生意，要做好跟客户谈一场马拉松式的恋爱准备。

前一段时间，网上看到沈腾跟他相爱十几年的女友要结婚了，我想这样的婚姻应该很牢靠，因为也经历过风雨了，没有什么还能撼动他们之间的感情的了。

同样，客户经过长时间的考虑过后，如果选用你的产品了，一定也不会随随便便更换你的产品。所以，在生意场上，随便得到的要问自己几个为什么？很难得到的，得到了，一定也得好好珍惜，爱情如此，生意也如此。

在生意场上，就跟国与国之间谈判一样，我有底线，你也有底线，我不急，先让你急，你急你就先输了我一成，谈判谈判，谈得成就谈，谈不成就休会不谈，等到时间合适的时候再谈。

还比如，做快消的时候，有时候，我们最希望代理产品的可能是A公司，做了很多的工作，饭也吃了，歌也K了，客户就是不签合同，就是不下单，他的目的无非是想再跟你争取点条件，要求你再降点价格。这时候你要稳得住阵，当然谈判最狠的就是你要有预案，要做好能进能退的准备。

历史上国共两党在重庆谈判的时候，一方面谈判桌上据理力争，另一方面私底下做好翻脸的准备。现在的外交也是一样，表现为实力外交，你的军事经济不强大，你就不能跟美国平起平坐去谈判，你的军事不强大，你休想美国会跟你称兄道弟，就算日本和菲律宾，难道他们就愿意做美国的跟班小弟？难道他们不想做老大？所以，你自己强大了，你就有话语权，什么时候都会处于一个优势的地位。做生意一样，有时候摆出一种态度，成败无关紧要，我的公司强大、产品过硬，成，我很高兴；败，我们也不会有多大影响。甚至可以暗示对方，如果谈判失败，将可能永远没有机会合作，后悔的将是你自己。

有句俗语“男人不坏，女人不爱”，在谈恋爱的时候，有时候有点小小的花心，可能会刺激女孩子更加珍惜你，因为她觉得，既然有别人可能会喜欢你，要是不抓住你，可能你就会跟别人跑了。

记得当初做外资快消品牌的时候，我去开发一个城市，我先把当地市场和经销商情况摸好，然后选了一家目标代理商，我们的意思传递给他："我优先选你做我的代理商，不是我找不到其他的代理商，只是我觉得你更合适，机会优先给你，如果你不做，我也能找到其他人。如果你不做，我可能找不到你这么好的代理商，但是你要是不做，我就不找独家代理，我就遍地开花，把你城市你的竞争对手都争取发展成经销商，这样你不但做不到我的生意，还会抢你同类产品的市场。"

往往这个时候，代理商一般都会缴枪投降。但是这样的战术不能轻易用，如果用了，就要对市场充分了解，就要做好分手的准备，不然，你随便放弃一个优质客户，而其他的客户又不买你的账，以后你基本就别想在这个城市"混"了！

4. 相互信任

谈恋爱，一定要给对方空间，女孩子跟你谈了，难道跟别的异性说话约会都不行？她还没嫁给你，就算嫁给你，也要给她适当的空间，你要对她充分信任，她才会给你充分回报。心理学上有句话：你看待别人的态度往往决定了别人的行为。如果你整天疑神疑鬼，怀疑女朋友跟别人好，跟别人劈腿，她最后十有八九会这么做，你每天都给她来一次心里暗示："你会出轨，你会出轨。"她每天被你怀疑，保不准哪天一生气，就用出轨来报复你。所以夫妻生活中也是一样，要彼此坦诚，更要彼此信任。

做生意道理也一样，客户就算跟你准备做生意了，也有选择别的品牌的权利，更何况他还没跟你签订合约。做人心胸要开阔，做生意更要给别人以包容，对别人充分信任。

你对别人信任了，别人也一定会对你信任，别人要是对你还不信任，是你功夫还没到家，你要继续努力！

国家与国家之间也是一样，美国为什么一直对中国怀有敌意，因为他认为，你发展了，一定希望在国际舞台有所建树，你有建树，必然会威胁到美国的国家利益。

所以做生意，信任最重要，信任你的时候，就算你出点问题，也会想办法帮你解决，也会尽量帮你兜着。当然，信任的建立是一个漫长的过程，需要你有特别的人格魅力，需要你有过硬的质量，需要你有及时的反应和服务速度，有的产品不是没有问题，而是出了问题及时解决问题！

我想任何产品都不是完美无缺，都有可能出现问题，有些问题可能是设计的原因，有些问题可能是制造的原因，有些问题可能是包装产生的，有些问题可能是运输导致的。其实更多的问题可能是因为客户的使用问题。但客户是上帝，上帝的问题就是你的问题，出现问题不要惧怕，也不要回避，更不要把责任往客户身上去推。客户的使用出了问题，你也有责任，你的责任可能是培训不到位，交流不到位，沟通不到位。所以说，客户的问题也是你的问题！

当发生问题的时候，关键是你对待问题的态度和反应速度，如果你售后不到位，服务维修不到位，你的问题一直在那里，客户就会夸大你的问题，如果你维修服务速度够快，客户就会忽略你的问题，因为有了问题他不担心，你会第一时间处理好，相反出了问题你埋怨客户使用问题，问题还会在那里，客户还会犯错误，可是客户给你的机会可能就没了。

客户对你满意了，他可能会告诉给两个你潜在的客户，客户如果对你不满意，他一定会告诉更多的客户，所以在这方面，跟客户相处，一定得低调，你跟客户斗气，百分之百是你吃亏！

案例一

外白渡桥是我国第一座全钢结构的桥梁，是旧上海的一座标志性景观。2007年底，上海市政工程管理局收到一封寄自英国名叫华恩·厄斯金设计公司的来信。信中说，外白渡桥当初设计使用期限是100年，于1907年交付使用，现在已到期，请注意对该桥进行维修。信中还特别提醒，在维修时，一定要注意检修水下的木桩基础混凝土桥台和混凝土空心薄板桥墩。这家设计公司还为上海市政工程管理局提供了当初大桥设计的全套图纸。

铺开这些设计图纸，人们惊讶地发现，经历了百年的岁月，手工绘制的图纸依然保存完好，没有一点划痕、皱褶，线条工整，每一数据、符号，不差分毫；设计者、审核、校对、绘图人的姓名一目了然，清晰可见。经过百年历史，这家英国设计公司的办公场所换了一处又一处，人员换了一批又一批，当初大桥的设计者也早已作古，没有留下一点印记，无论发生什么，不再需要承担任何责任。当初大桥的设计使用期限是100年，100年到了，他们没有忘记为大桥使用者提醒。

我们每天都要保持一个良好的心态，每天在出去跑市场之前，一定要调整好自己的心态。保持对产品、对自己足够的信心，保持一个良好的情绪，这样我们就会很愉快地和我们的客户交流，我们就很容易争取到我们的客户。

我们的销售就是要建立和客户之间的信赖感，我们相信自己的产品、自己的服务能够给客户带来巨大的价值，我们用最真诚的行动去帮助我们的客户，我们用最真诚的态度去倾听客户的需求，我们用最真诚的语言去赞美我们的客户，所有这一切，都会极大地提升客户对我们的信赖感，如果客户真心信赖你，客户自然就会接受你、喜欢你、信任你。

在追女生的时候，你做了10件让她感动的事情，可能会被你一件伤害她的事情抵消。跟客户相处犹然，信任很重要，客户对你产生信任的过程很漫长，你有十个优点客户不一定会记住，你有一个缺点客户一定会刻骨铭心。

5. 给对方安全感

谈恋爱要顾及对方的感觉，让她觉得安全，跟你吃个饭逛个街经常拿出去炫耀。恩爱也要保留点底线，知道什么能做，什么不能做。如果有一天跟你分手了，也不要把你们之间的秘密透露给别人。

当然男生更不能把一些隐私作为要挟，迫使女生继续跟你好，这样你连做人都没法做了，做人要守好底线，要善待他人，无论是你的朋友或者你的敌人，特别是曾经跟你相爱过的人，因为缘分或其他原因，不能继续了，大家还要文明相处，积个口德，千万不要逢人便讲对方有什么缺点，特别是生理上的缺陷，更要守口如瓶。

生活中也有女生，因为男生跟他分手了，到男生单位去吵去闹，大有不把男生搞臭誓不休之架势。这样，不仅伤害了对方也害苦了自己。所以说，热恋中要把持好自己，彼此给对方以安全感。

谈恋爱是这样，其实客户在采购你的产品或是使用你的产品时，也会把安全放在第一位。首先，你的人品是不是让人感到安全，跟你相处你会不会伤害他；其次，你的产品是不是让人感到安全。如果使用你的产品会出现严重的质量问题，甚至是人身伤害事故，那人家要丢饭碗的，所以产品质量更要安全。

在跟客户相处的过程中，客户一般不喜欢夸夸其谈的人，更不喜欢守不住话的人。相处中，吃了你一顿饭，你逢人便讲，本来是件小事，可是客户的位置时刻会提醒他注意，不能因为跟你吃顿饭丢了人家的饭碗。

可能有时候客户接受点小恩小惠，当然现在的社会不容许这样的歪风邪气，可是谁又能保证与客户像朋友般交往的过程中，不请人吃饭？不送人点小礼品？起码中国的国情在这里，中国的传统和文化在这里，所以平时吃点小饭，拿点小礼物，只要不影响判断，只要不影响客户的选择，人之常情的事情，你不要到处拿出去吹牛，某某跟我吃饭了，可能说者无心，但是听者不一定无意，如果你的竞争对手听到了，就可能会大作文章，不要砸了人家的饭碗，所以安全最重要。

你要是感觉客户拿了你的小礼品，客户就一定要跟你做生意，那我建议你，没有那样的胸怀，你就别送，送了就别说。

有一个真实的案例，某药厂代表，负责某个地区的业务，本来这个业务经理在他负责的区域做的业务还不错，产品在该区域销售情况一直良好，可是因为一次事件，他亲手毁了自己的生意，还毁了自己的销售生涯。

有一家医院，一直使用该业务经理的产品，合作好几年了，负责采购的科长跟业务经理关系也还不错，也经常一起吃吃喝喝，按照行业惯例，可能该科长也拿了业务员一些好处。

有一段时间，医院要造新大楼，医院开始控制资金，跟每个厂家的结算都突然停止了，由于生意还不错，医院欠了厂家不少的应付款，按理来说，医院也应该给厂家付款了。

业务经理也上门催了好多次，但是医院还是没给厂家结算药款，该业务经理听说医院还在采购一款进口药，结算基本没受什么影响，该业务经理急得团团转，不知道该怎么办。

有一天他终于想到一个自认为很“聪明”的方法，他请科长晚上吃了个饭，不少酒下肚，大家都意犹未尽，业务经理就提议去 KTV 开心一下。在酒精的作用下，该业务经理给科长找来一个陪酒女，于是发生了点搂搂抱抱、亲亲热热的事情，陪酒女左一声“老公”，右一声“亲爱的”把科长也弄得神魂颠倒，那晚基本上两个人旁若无人，做了一些出格的事情。

隔了几天，业务经理看科长在正常上班，于是跑到科长办公室，支开别的工作人员，给科长看了几段不雅视频，听了几段让人耳红的录音，原来这个业务经理是有企图的。

结果可想而知，隔了几天，在科长的努力之下，医院结清了所欠药厂的货款，业务经理洋洋自得，还跟同事吹嘘此事。再隔了一段时间，发生了一件很奇怪的事情，原先做得好好的几家医院，都不再进该厂的药品了，选用了另外一家厂家的替代品，价格还比原来高点。

原来，这个科长跟当地其他医院的科长经常一起开会，大家也有十几年的交情，跟别人如此这般稍微点拨了一下，大家都觉得不能跟这个业务员做生意了，后来这个业务员实在不能混下去，也从公司辞职了。

所以，作为一个业务人员，无论你对客户做过什么，千万别做威胁别人饭碗的事情，就算你给过一些小恩小惠，也千万不能拿来做要挟，不然你是肯定不能做销售这一行了，连做人都有问题，还有谁愿意跟你做生意？

生意往来双方不仅要在人品上给对方以安全感，最关键还有对你产品质量更要有安全感。我们有的客户长期选用进口品牌，一直不愿意选择国产品牌，其实他也不是不爱国，他是担不起出现问题的责任，可能进口品牌用顺手了，除非价格差距太大，除非他的成本不允许，他才会主动考虑更换品牌。

在销售过程中，我们很多的行为和努力其实都是为了让客户相信我们，每一个人在做决定的时候都会有一些不安，他会怕做错决定，会怕花错钱，怕你的产品还不如原来的产品更好用，所以你必须给他安全感。

因此你要经常问自己，当客户要购买我的产品和服务的时候，我要尽可能给他百分之百的安全感，反之，客户凭什么要买我的产品？我的产品能给他什么保证？

应该说，产品的安全最重要。这在医药行业，医疗设备和器械行业，尤为突出。有些器械，还是进口的品牌用得顺手点。当然我们的专家、医生要有民族感，应该积极主动使用国产器械，作为一个业务人员也不好过多地去指责客户，好在现在整个国家都在鼓励使用国产品牌。随着国产品牌的核心技术不断提高，国产品牌的市场氛围也会越来越好，国产品牌的市场占有率也会越来越高。过去是国产和进口的竞争，未来是国产与国产的竞争，我希望大家都把力气用在提升技术、提高质量上，一味地去进行价格竞争，那样只会使我们的质量越来越差。

所以，客户在选择产品的时候，会把安全放在第一位，在客户选择我们的产品之前，客户都会一直在评估我们产品的安全性。

6. 不能太功利

如果追一个女孩子，女孩子跟你吃顿饭，好像她就应该让你牵牵手；你给她买件衣服，她就应该满足你过分的要求，如果你有这样的意识和行为，女孩子一定会反感你，这样女孩子就会反思，你追她是为了爱情还是为了别的？是为了跟她过一辈子，还是为了暂时的欢愉？

人们常说，真正的爱情一定经得住时间的考验，经得住时间考验的爱情才是真正的爱情。

爱情是这样，生意也是这样。跟客户谈一次马拉松式的恋爱，在寻找和追求客户的时候，千万别急功近利，功利心太强，会让你反而失去客户，前面有讲过，单价越高，客户更换产品的风险越大，客户审核或是验证你产品的时间越长。

当一种产品用量很大的时候，客户为了供货的安全，可能会选择你询价，把你作为第二供应商，你可能会成为替补，也可能同时成为第一供应商，所以也要给予客户足够的时间去改变。

如果客户选择了你的产品，在定价时，也是一样，不能把赚钱放在第一位，合适的价格，合适的服务，便捷的售后都会给你加分，相反，功利心太强，恨不得一单把所有的钱都赚回来，这样的生意早晚会被别人代替。

有时候，你太功利，太想得到生意，你反而得不到，你真心的对待客户，机会可能就会自己找上门。

小 故 事

希尔顿的故事

一天夜里，已经很晚了，一对年老夫妻走进一家旅馆，他们想要一个房间。前台侍者回答说："对不起，我们旅馆已经客满了，一间空房也没有剩下。"看着这对老人疲惫的神情，侍者又说："但是，让我来想想办法……"

侍者想想夜已深，老夫妻俩都很疲惫，这时候到其他地方也不一定能找到房间，他不忍心深夜让这对老人出门另找住宿。而且在这样一个小城，恐怕其他的旅店也早已客满打烊了，这对疲惫不堪的老人岂不是要在深夜流落街头？于是好心的侍者将这对老人引领到一个房间，说："也许它不是最好的，但现在我只能做到这样了。"老人见眼前其实是一间整洁又干净的屋子，就愉快地住了下来。

第二天，当他们来到前台结账时，侍者却对他们说："不用了，因为我只不过是把自己的屋子借给你们住了一晚——祝你们旅途愉快！"原来如此。侍者自己一晚没睡，他就在前台值了一个通宵的夜班。两位老人十分感动。老头儿说："孩子，你是我见到过的最好的旅店经营人。你会得到报答的。"侍者笑了笑，说这算不了什么。他送老人出了门，转身接着忙自己的事，把这件事情忘了个一干二净。没想到有一天，侍者接到了一封信函，打开看，里面有一张去纽约的单程机票并有简短附言，聘请他去做另一份工作。他乘飞机来到纽约，按信中所标明的路线来到一个地方，抬眼一看，一座金碧辉煌的大酒店耸立在他的眼前。原来，几个月前的那个深夜，他接待的是一个有着亿万资产的富翁和他的妻子。富翁为这个侍者买下了一座大酒店，深信他会经营管理好这个大酒店。这就是全球赫赫有名的希尔顿饭店首任经理的传奇故事。

生活当中经常会发现这样的情况，有心开花花不发，无心插柳柳成荫，你真心真诚地对待女生，对待客户，往往最后会收获爱情，收获生意，收获成功！

7. 彼此需要，但是不以生意为前提

谈恋爱的时候，不能急功近利。如果你深爱一个心仪的女生，你就想方设法让她高兴，让她有被捧在手心的感觉，被爱的感觉。当你为一个女孩子付出的时候，一定是因为你爱她，而不是想着某种目的。

所以你为她付出的时候，要心甘情愿，不能别有用心。对待生意也是一样，你对客户的好，肯定不能以做生意为目的。好像跟你做生

意，你就对他好，不跟你做生意，你就不对他好。客户有时候是故意考验你，有时候想拒绝你的产品，可是又找不到合适的机会和理由，他可能会故意不用你的产品，却找你帮忙这个，帮忙那个，如果这时候你显得很不耐烦，那你的对手可能就笑了。

所以当客户需要你的帮助时，就算生意没做成，你也要真心地帮助他，把她当心仪的女生去呵护，去帮助，如果你一次次不厌其烦地去帮助她，生意也是水到渠成的事情，跟谈恋爱一个道理。

有时候我们很难看出一个人是不是真心爱你，是不是真心愿意付出，单有考验的数量还不够，是不是还得有考验的质量。女生可能会故意问你愿不愿意为她去死，你回答愿意，女生当然高兴，她也明知道你不会真的为她死。连死都愿意，那你为她付出一切自然是心甘情愿。当然爱情是对等的，如果一个女生永远对你只知道索取，没有回报，这样的爱情恐怕就是无底洞，大都没有结果，遇到这样的情况，爱的越深，伤的就越深。

我不排除生活中有些客户，他自己明知道肯定不会用你的产品，还一次次故意要你帮这个，要你帮那个，有时候明知道不能帮忙，而且还接受了份量比较大的礼物，这样的客户也是有的，不过，这种情况是极少，遇到这种情况，及时收手是一个不错的选择。

六 生意契约（婚约）

就谈恋爱来说，经过一段时间相处，大家也考验的差不多了，脾气秉性也对路，年纪也不小了，这时候双方也该考虑结婚了，前面有讲过，对方的坏脾气和坏习惯不要急于去改变，要有魄力和耐心容许对方随着共同的生活慢慢改变，对方每取得一点变化都由衷地欣赏，对方的每一点进步都要善于发现，主动给予对方赞赏，让对方朝着你期望的方向发展。

我们有的人在生活中，希望对方按照自己的意志去发展，有这样的想法没什么错，但是你要尊重对方的意志，给予对方足够的空间。比如，老公经常有应酬，有时候你甚至怀疑他打着应酬的名义去偷点腥。这时候，你表示怀疑，老公肯定会很生气。他有可能真的去应酬了，也有可能如你所怀疑，但你想，你老公一定不会承认，而且会很愤怒。他会向你抱怨，他为了养家，到处奔波，还得不到理解，由此可能矛盾就产生了，你们可能为此矛盾经常吵架。

前面有讲过，你看待对方的看法决定了他的行为，其实在婚姻中也这样，你经常埋怨老公可能对你不忠，其实让他心里产生了很多暗示。如果你冤枉他，他更是愤愤不平，心想：对你那么好，你还怀疑，不要以为我找不到红颜知己。生活中，工作中他其实不缺仰慕他的人，他只是保持一种平衡不希望被打破，于是，他开始对别人温柔起来，经常找借口不及时回家。

所以聪明的女人要给男人足够的面子，特别是在男人的朋友面前、同事面前。教育男人其实更好的方式是在床上，稍微点男人一下，别喋喋不休，你要知道教育男人要花一辈子的时间，一定要有耐心。前面讲过，结婚之前，充分去了解对方有什么缺点，结婚以后要天天去欣赏对方有什么优点。

现在的社会，婚姻充分自由，我们有时候也经常反思，我们的祖辈，没有谈过恋爱，为什么大都很幸福？现在婚姻自由，为什么有那么多不幸？

其实问题的关键就在，我们的祖辈，结婚就是抽大奖，对婚姻的期望值相对较低，能中 500 万固然很高兴，能中个 5 元，或是什么都没有，也会坦然地接受，也能接受命运的安排，妻子在家打理内务，相夫教子，老公在外奔波，也能恩爱一辈子，那是用欣赏的眼光慢慢感受一辈子，到老的时候，一方先离世，另一方会痛苦很久，你能说他们不懂幸福？你能说他们不懂爱情？

而现在的爱情，更多的功利化，女孩子找男朋友都幻想找个又有钱，又体贴，又帅的，用一个时髦的词语就是高富帅，可不知，这样的男人凭什么喜欢你？外在的东西其实很容易过时，真正内在的，才是不断进步，值得欣赏的。

老实的男人不解风情，情商高的男人又处处留情，我理解的好男人定义是：永远把家庭放在第一位，无论在外面有多少应酬，对家庭始终不离不弃，因为既然有婚约就有责任，要有担当。现在一些女孩子，找男朋友的时候，希望他情商高，什么都要想到自己；希望他善解人意，把自己捧在手心；结婚后又不容许他跟别的女人有任何的腻腻歪歪，甚至玩笑打诨，这样的婚姻很容易出现危机。

做生意的道理也是一样，大家彼此决定开始生意的时候，就要彼此为对方考虑，彼此对对方忠诚。我们都喜欢真诚的客户，遇到问题大家一起解决，不要一味地把责任往对方身上去推。做生意追求双赢，遇到问题的时候，也不单纯是厂家的责任，肯定也有需方使用不当的可能，当然我们不能去责怪采购商，我们只有自己充分去做好自己，才能适当地去要求别人。当然真正好的客户，也会迎合供应商的使用说明，有时候，客户也需要去引导和教育。

达成生意契约后，大家需要注意的是诚信履约，业务员提供产品的品质要跟当初提供的样品一样，不能有任何的品质下降；提供的服务不能有任何的打折，售后要有充分的保证。采购方也要按时付款，按照当初约定的合约履行义务。

七 做好售后服务（婚姻）

恋爱双方如果已经结婚了，就注定有漫长的日子要一起度过。不过，生活中难免会出现矛盾，恋爱之火会随着生活一点一滴打磨而慢慢趋于平淡。老公当初一掷千金的魄力也少了，也会越来越现实了，情人节也经常找各种借口忘记礼物了，甚至有时候连结婚纪念日也忘记了。女士感觉老公越来越不会浪漫了，其实他不是不懂浪漫，应该是更现实了的老公更多是一种责任感，想让你过上好的生活。

婚前要相互挑刺，自己去衡量，能不能忍受他的毛病。他的缺点，婚后就要开始相互欣赏了，发现他身上取得的一点点进步，然后去放大，去褒奖，为他的进步去鼓掌。

如果说婚前大家就各种契合度去审查去检验，婚后应该就是就各自的缺点进行售后服务了，有些毛病是天生的毛病，你就要容许他长时间地进行纠正，你要帮他设立目标；有些毛病是一时的习惯，你可以给他设置适当的奖励，帮助其积极纠正；有些毛病是一时的疏忽，你可以采取漠视的态度，假装没看到。

如果是身体上的毛病，你要不离不弃，帮他治疗。如果说爱情是咖啡，浪漫又激情；婚姻就像白开水。如果你每天都喝咖啡，一定不解渴，身体也不能适应；如果天天白开水，又淡而无味，所以时不时两个人还是要浪漫一下。譬如，双方的生日、结婚纪念日、特殊的节日、周末等等，给对方一些小小的惊喜，经常出去旅游一下，给婚后的生活添一些色彩。

做生意也一样，跟客户做成生意后，大部分的跟客户接触大都在进行售后的工作。收款、补货、调货、维修售后等等，统称售后的工作，售后的工作就是维护，维护跟客户的关系，维护产品的形象，当产品出现问题的时候，给予客户安全感。第一，不推脱责任；第二，不拖延时间；第三，解决问题；第四，不给客户增添麻烦。

婚姻的精髓就是不离不弃，跟客户的关系当然也是不离不弃，你对客户不离不弃，客户当然会对你投桃报李，如果你的产品发生问题的时候，你选择了推脱，你就把责任把问题踢给了客户，或是你推脱是公司技术的问题，售后的问题，你也是不负责任的，客户当初跟你做生意，认的是你的人，甚至你们公司他都没去过。

所以一定要为客户负责。客户在他们公司也许是负责采购的，如果他采购的产品，使用很好，跟财务结算又很配合，采购成本又合理，他自己很有面子。如果你的产品持续出现问题，你又不在第一时间处理问题，时间久了，客户就会“出轨”了，客户就该考虑更换品牌了。

八 永远如初恋(相伴)

岁月会怎样影响爱情？爱会持久吗？原来婚前的浪漫还能保持吗？原有的激情还能保持吗？同样，跟客户达成生意以后，大家的关系可能越来越平常，本来对客户很恭敬的态度可能越来越随意，我们还能待客户如初见吗？

由于浪漫激情的几个重要的因素——幻想、好奇、神秘会随着岁月的流逝而消退，因此，再浪漫的爱情也会减弱，当然浪漫还是会有的，可能是浪漫的方式发生了变化。婚前的浪漫有时候不计成本，婚后变得更现实，更实用，比方说男人给女人买睡衣，婚前可能会给女人买一件销魂的品质很好的内衣，婚后可能买一件居家的更实用的内衣，婚前男人可能喜欢买鲜花送女人，婚后可能会更实用一下，可能会买首饰送给女人。

为什么在美国离婚率那么高？也正是因为这个原因，婚前的男人都是浪漫的，会变着花样让女人惊喜，而婚后，这种恋爱的“魔力”就消失了，于是让很多的女人产生抱怨，而美国的婚外情现在又很普遍，可能男人和女人都有自己的婚外性伴侣，婚外的伴侣一般来说会比自己的老公更懂浪漫。

在对待客户，初见如初恋，当生意正常后，可能大家的关系越来越随意，越来越不太在意客户的感觉，跟恋爱一样，你要小心客户的“出轨”，对于客户来说，“出轨”是又一次浪漫爱情的开始，而对于你，可能是一次失败的生意，所以，我们怎么跟客户保持良好的关系，让客户跟我们永远保持初见的感觉?

首先，你要感觉客户还是初见时候的感觉，你还一直把他放在心里，时不时给他一次感动的机会，不要以为客户已经被你吃定，你要知道，市场始终处于动态之中，昨天你可以从你的竞争对手那里抢得市场，抢得生意，明天你不努力，你依然会被别人抢走本属于你的市场，你的生意。

现实工作中，很多业务员最容易犯的错误是，他自认为跟客户的关系很好，可能关系也确实很好，他会在别人面前表现出跟客户关系很铁，但是一般来说，客户对这样的行为会很忌讳，因为职业道德的原因，如果超出工作般的随意，可能会给客户带来坏影响，客户的同事或同行会不会私下里说:“你看看谁谁谁关系那么好，他们那么熟，谁谁肯定没少拿好处!”

所以我的建议，虽然你跟客户很熟，但是最好还是保持跟客户如初见的感觉，一是休现对客户的尊重，二是体现你始终如一的服务态度，也显示出你很专业。当然私底下，不排除你跟客户关系真的好，什么事情客户都会帮你兜着。

所以还是要跟客户保持一种单纯的关系，对双方都有好处，这样单纯的关系，也会让生意做得长久，尤其是这种情况:客户的采购人员发生改变调整的时候，因为你的处理得当，你的生意受影响的成分可能会更小。

第五章
营销和恋爱不同的地方

做销售和谈恋爱还是有些区别，本书主要是从男生怎么去追到心仪的女生入手来分析我们怎么追到我们的目标客户。做销售跟谈恋爱还是有不同的地方，当然不同的地方不是不可以借鉴。下面从谈恋爱和做销售的不同之处谈起，希望给业务人员一些借鉴。

一 选择对象心态不同

谈恋爱在选择心仪目标的阶段，可以把选择范围放大一些，当然心仪的目标可能不止一个。谈恋爱也是个双方选择的过程，你对别人心仪，别人不一定对你心仪，这是个心心相映的过程，也是个相互影响的过程。

婚姻不单纯是生理学的问题，它还涉及心理学、社会学、伦理学、经济学等等。恋爱的范围比婚姻的范围要宽泛，所以在恋爱选择阶段，选择对象可能会变化，也会有一定的弹性，当然不能去标签化的选择，毕竟不是选王妃，你觉得合适，别人可能会觉得不合适。

当恋爱对象基本确定的时候，这时候就不能三心二意了，就要一心一意地去对一个人好。

在恋爱目标确定之前，可以选择广泛的目标，生意也是这样。初进入一个市场，目标客户也很多，这时候要进行梳理，进行市场调研，研究主流市场的主流产品都是哪些，跟自己的产品有什么区别和相同点，跟他们相比，自己的产品更适合哪些市场、哪些客户。

当做了初期的调研后，对自己的潜在客户有了一些了解，列出自己初期准备“下手”的客户，我建议初期入手的客户不要多，选择不超过 10 家的客户作为目标客户，在这中间再选择 3～5 家自己觉得容易成功的客户开始主攻。

在自己快成功“拿下”一家客户的时候，另外的客户也不能放手，这跟恋爱是不同的。一般来说，没有哪个客户告诉你，只能跟我做，你不能跟别人做。当然独家代理不一样，在独家代理签订独家签约后，你就不能再跟别的客户产生同质业务关系。

如果哪个客户排他性很强，跟他做了，跟别人就不能做，这样的客户一般嫉妒心很强，在跟这样的客户做生意之前也要进行充分的评估，从他身上你能获取你的目标业绩吗？如果能获取，你可以选择，如果你不能获取，不到万不得已，不要去碰这样的客户，碰到这样的客户，你就会感觉捧着一个炸药包，拿又不是，放又不是。

二 成功的标志不同

恋爱的全过程是从相识到婚姻，其中评价一对恋人恋爱的标志就是性，恋爱的性接触；而做成生意的标志是把产品销出去，把货款拿回来。

经过一段时间相处以后，两个人彼此惦记，很自然地一起逛街，一起散步，一起吃饭，愿意把你介绍给身边的朋友，在大街上牵手不再防止别人看见，这样的状况，我们一般认为两个人基本相恋了，我们一般评估恋爱成功的标志是两个人有了亲密的关系。

做生意的感觉跟谈恋爱时分享相亲相爱的幸福感差不多，业务员更享受生意成功时体味对方赠予的慷慨、包容、喜欢、感激以及满足的结果，客户更享受你“追他”的过程。

所以，客户不会随便让你得手，因此你要做好跑马拉松的准备。客户让你得手了，就标志你第一笔生意发生了。当然买卖不是一次性的，后面维持稳定的货物供应，稳定的售后服务，客户持续的为你的产品或服务买单，我们就有理由认为你的生意成功了。

三 谈恋爱要择机暴露目标，做生意要善于隐藏目标

恋爱的目的是婚姻，恋爱可以暴露目标，生意的目的是赚钱，你能不能把钱挂在嘴上？做生意要善于隐藏目标。

双方刚接触的时候，我们会试探对方是不是愿意相处，关系亲密后，我们还会跟对方做邀约，“亲爱的，你愿意嫁给我吗？”或是“宝贝，未来你愿意跟我一起过吗？”

如果我们在跟客户相处的初期，每次都问客户：“我能跟你做生意吗？”这样的客户不被你吓跑才怪。我们可以告诉客户，买不买产品没关系，我喜欢跟你做朋友。

这就是生意和恋爱的区别，当然我们心里知道，我们跟客户发展友好关系，目的就是做成生意，客户也知道我们跟他相处的目的。

高明的情人在合适的机会会表露自己的目标。

高明的商人要善于隐藏自己的目标，至少别把自己搞得目的性太明显。我们生活中会经常遇到这样个性显明的生意人，大家难得在一起聊天，坐下来就问你做什么生意，他做什么什么，有没有合适的生意

给他介绍，遇到这样的朋友，你一般都不会喜欢他。

一般来说，你跟客户相处一段时间了，彼此心里也比较明了，如果有一天客户主动问你一些敏感性的问题："你们的产品有试用装吗？""你们的货款是怎么结算的？""你们一件是多少包装？""你们的售后一般是怎么处理的？"这样的一些问题，都是在告诉你，他准备考虑用你们的产品了。

遇到这样的问题，我们内心十有八九是欣喜的，这时，除了一一作答，我们可以直接告诉客户："我明天从附近经过，给你带一包先试用一下，你看你上午方便还是下午方便？"其实就是暗示他，我明天给你送一个包装，你先使用一下，使用好了，我们再开始大批量的合作。

恋爱要善于表达自己的目标，当然相处第一天，你就告诉女孩子我要娶你，也不合适。生意要善于隐藏自己的目标，但一味隐藏，也不实际。平时生活中，为什么有些人像儒商？客户更喜欢跟这样的商人打交道。他能深入人心，了解客户、尊重客户、默默地帮助客户。"随风潜入夜，润物细无声。"心近了，一切就都顺利了。

四 得到垂青的方式不一样

恋爱往往是"强者"赢得"弱者"的垂青，生意往往是"弱者"赢得"强者"的帮助。

生物界本身就是一个自然选择的过程，体格威猛的雄性一般都能赢得跟异性的交配权。人类也一样，生活中，我们除了般配，女孩子一般会喜欢比自己各方面强一些的男性，男孩子一般会喜欢貌美的女孩子。

我们做个试验，拿一堆女孩子的照片给男孩子选择，男孩子一般会选择容貌中等偏上的女孩子。我们会习惯认为，长得好看的女孩子让人觉得很淑女。长得太漂亮的，我们可能会认为她爱慕虚荣，距离感可能会让自己不会优先选择。

对于美貌的追求，东西方的文化都是一样的。在中国，美貌的女孩子一般会认为她亲和力强。在韩国，对美貌的追求更极端，所以韩国的整容也是最发达，女孩子不整一下容貌，都觉得对不起别人，貌美的女孩子更容易获得异性的心仪和职场的青睐。在韩国，美貌会被人认为好相处、智慧，所以你看韩国的电影，就连反角，也是貌美如花。在美国，貌美的女性受到的约会邀请会比长相普通的女孩子高出很多倍。

在一些征婚启事中，我们可以去研究，收入高的男性一般会声明找一个貌美的女子，而貌美的女子表示要找一个条件比较好的男子，名望、财富、健康、智慧、地位和长相也像商品一样，能够吸引想要的伴侣。

事实上，女性仰慕比自己强的男性，也是一种进化的需要，自然的选择促进了男性对年轻漂亮的女孩子的兴趣，因此男性更看重女性的外貌，随着年龄的增长，他们的选择，年纪差距会越来越大。

女性一般不太关心自己的伴侣是不是年轻，女性一般会关心有没有能力给自己一个相对较好的生活，能够在漫长的婚姻、家庭、生育期内给自己遮风挡雨保护自己的伴侣 所以女性更喜欢强壮的、社会地位高的、经济状况好的男性，一般的女孩子选择的伴侣会比自己更成功一些、年纪大一些的男生。

所以现在社会上有很多的剩女，她们相对容貌姣好，事业有成，有房有车，可是这样的剩女很难找到心仪的男人，因为她们自己已经很强大，相对相似年纪的男孩子成功会比她晚，很难找到让她崇拜的男人。过了 30 岁，要让自己找一个大十岁八岁的又有点心不甘，所以这样的女人往往事业有成，但是婚姻家庭幸福就难一些。

所以，一个幸福的婚姻，一次成功的牵手，一般来说，男人要强大些，女人要弱小些，这样的恋爱关系比较稳固也容易成功。

但是生意不一样，我们购买商品，我们喜欢的是让渡价值。让渡价值的定义是除了商品本身实际价值以外，给用户带来的其他体验，比如品牌知名度、产品的包装、产品的附加值，在这方面，消费者一般会喜欢贪便宜。比方去菜场买菜，我们一般喜欢跟忠厚老实的人买菜；去市场买衣服，我们不太会选择夸夸其谈的营业员，因为消费者的不安全感，总希望选择弱势的人去打交道。

因此，我们跟客户的相处过程中，有时候须要我们表现得“弱势”些，因为客户更喜欢跟“弱势”的供应商打交道。

在一次交流会议上，我们分享了一个很好的案例。有一家药厂，有几十个业务人员，其中一个文化层次相对较低，高中文化，外表一般，像个农民，年纪也比较大，当初进公司也是一次偶然的机会，我们就称呼他老陈吧。整个公司，老陈的业绩最好。

老陈负责医院临床。做过临床的都知道，除非你是新药、特药，现在药的同质化很严重，一般来讲，医生的开单选择都会有很多，医生一般会选择对自己有利的药品开单，当然也不排除责任心很强的医生，从来不会考虑身外的事情。

老陈的主要工作就是：推销公司的新产品，提高老产品的销售量，增加临床的使用量，说穿了，就是跟医生搞好关系，让医生多用些自己公司的药，甚至有些公司会根据医生的开单量给予医生回扣，当然这种不正规的做法我们不去讨论。

老陈长相平平，医生不会因为长相喜欢他。他也不是值得让人怜惜的娇小女生，老陈每次都尽量选择夜班医生值班的时候去做医生的工作，当然不是选择去贿赂医生，那些非常规的事情我们不去研究，很难说生活中，实际的药品销售工作中没有那样的事情发生。医生上夜班有时很无聊，长夜漫漫，老陈会找到医生，拿着公司的新药说明书，说："王医生呀，我们公司又出个什么新药，我一点都不懂，你能不能跟我讲讲?"医生除了处理急诊，一般也很无聊，很有耐心地跟老王讲，说这是个什么什么药，一般在什么样病症情况下使用这个药，这个药的服用和使用有哪些注意事项，有哪些不良反应，一段时间下来，整个医院的医生差不多都知道这个药的使用特点，只有老陈好像还是不太懂。

老陈的业绩最好，你说，这说明什么?

前面提过，由于信息不对等，客户一般会有种不安全感，去菜场买菜选择老实木讷的摊主；做采购，一般也不喜欢油嘴滑舌的业务员，好像不选择他的产品，就大逆不道，天就会塌下来，采购人员就没眼光。我们在跟客户交流的时候，应该多听少说，我们更应该学做一个弱者，让客户在我们面前越有表现的机会，越有展现专业的机会，我们的生意机会反而越大。

从这个层面讲，客户愿意把你放在弱者的层面，他有种罩着你的感觉，生意才会做得好。

特别是生意已经成熟的客户，如果你夸夸其谈，客户一般会防着你；但如果你是个守得住话的人，客户一般会喜欢跟你推心置腹，喜欢跟你谈心，客户会觉得你很安全。

五 婚姻是唯一的，生意不能只做一家

一般来说，婚姻具有唯一性，而生意是可以同时和多个客户建立关系，除非是客户指明他的竞争对手你不能做。如果有这样的说明，在签约之前你要做好取舍，你不能投机取巧，一方面承诺客户不会去做他的竞争对手，另一方面又偷偷去做，这样的不诚信会让你失去客

户的。我们的原则是，我们可以暂时失去机会，失去部分市场，但一定不能失去诚信，失去市场可以重新赢回来，如果失去诚信，就很难赢回来。

恋爱是结婚以后就不能跟别人发生关系，不然就是不道德的婚外情，而生意之后，还有另外的生意等着你，大多数的情况下，你的客户甚至会帮你做“媒人”，介绍新的客户，而婚姻中的爱人，肯定是不容忍你有另外的目标。

还是先从心理学的角度做一些简单的描述，虽然有了婚约做保证，可是婚姻中的人还是有一些不安全的感觉，尤其是女性。当我们希望拥有别人拥有的某些东西的时候，我们会自觉不自觉的羡慕别人，羡慕别人的年轻，羡慕别人的美貌，所以，当女人发现自己的男人跟年轻的女孩走在一起，用貌美的女孩做秘书，通常会吃醋。自然就会心生嫉妒。

羡慕是一种积极的情感体验。嫉妒是一种消极的情感体验，这种体验，有时候具有一定的破坏性。前面说过，你赞赏老公，老公就会向着你希望的方向发展，你总是疑神疑鬼的猜疑、嫉妒、嫉恨，无理取闹，结果一般都会以你付出婚姻为代价。

生意不太一样，可能在生意的初期，有些客户不希望你在他面前提起你跟别人的生意是怎么怎么的好，但是一般来说，客户跟你发生生意关系后，如果他对你的生意比较满意，他会乐意分享他的体验，甚至他会主动帮你介绍新的客户。如前所述，在追求新生意的时候，寻找心仪的客户，一般会找共同点，目的是为了消除他陌生的感觉，但是如果有成熟的客户帮你推荐，你会省去很多的工作，客户帮你介绍，对新客户来讲，这是种最值得他欣赏和可信的共同点。

所以，我们在平时做生意的过程中，要对现有的客户服务好，要赢得良好的口碑，为的是，客户能帮你分享他的美好体验。而这种体验，会给你带来想不到的好处。

我们的推广，有些来自于学术交流或是电视广告，你看广告为什么选择大家熟悉欣赏的一些电影明星或是电视明星？因为他们拥有很多的粉丝，他们用过的产品，粉丝愿意用，他们推荐的产品，十有八九不会错，当然这样的广告在过去的一段时间，有些过，没有用过的产品他敢代言，不合格的产品他也敢代言，为了利益夸大其词的产品也敢代言，所以国家现在开始整顿广告业，新的广告法也生效了。

如果是在一些学术会议上，特别是一些在学科方面获得特别成就的专家，这样的专家，如果帮你做一次学术报告，帮你做一次推介会，你可能会收获很多的生意。

生活当中其实处处充满了机会，有时候，你看不上眼的，可能是一次很好的机会，有时候，你很在意的一次机会，反而你一无所获，作为一个优秀的业务人员，一定不要随便放弃一次机会。

案　　例

谁都可以是客户

炎热的午后，有位穿着汗衫，满身汗味的老农夫，来到汽车展示中心。迎面立刻走来位笑容可掬的柜台小姐，客气问道："大爷，我能为您做什么吗？"老农夫腼腆地说："不用，只是外面天气热，我刚好路过这里，想进来吹吹冷气，马上就走。"小姐听完亲切地说："就是啊，今天实在很热，气象局说有 32 度呢，您一定热坏了，让我帮您倒杯水吧。"接着便请老农夫坐在沙发上休息。

"我们种田人衣服不太干净，怕弄脏你们的沙发。"小姐边倒水边笑着说："有什么关系，沙发就是给客人坐的，否则，公司买它干什么？"喝完冰凉的茶水，老农夫闲着没事便走向展厅里新货车。小姐又走来："大爷，这款车很有力哦，要不要我帮你介绍一下?""不要！不要!"老农夫连忙说，"你不要误会了，我可没有钱买，种田人也用不到这种车。""不买没关系，以后有机会您还是可以帮我们介绍啊。"然后便详细耐心地将货车的性能逐一解说。突然老农夫从口袋中拿出张白纸，交给她说："这是我要订的车型和数量，请你帮我处理一下。"小姐很诧异，老农夫一次要订 8 台货车，连忙紧张地说："大爷，您一下订这么多车，我要找经理来和您谈……"老农夫语气平稳地说："小姐，你不用找经理了，我本来是种田的，刚和人投资了货运生意，需要买批货车，但我对车子外行，买车简单，最担心的是车子的售后服务及维修，因此有人教我用这个方法来试探每一家汽车公司。这几天我走了好几家，每当我穿着同样的旧汗衫，进到汽车销售厂，同时表明我没有钱买车时，常常会受到冷落，让我有点难过……只有你们公司，即使知道我不是客户，还那么热心地接待我，为我服务，对于一个不是你们客户的人尚且如此，更何况是成为你们的客户……"

六 请客户帮你介绍客户

做销售都有体会，有时候我们在跟客户介绍我们产品的长处的时候，其实可信度并不高，但是要是有个使用过我们产品的客户来介绍我们的产品，说服力就会强很多，我们成功的可能性就会提高很多。

也许您听过或看过乔·吉拉德的故事，下面我们从乔·吉拉德怎么卖汽车的真实故事里来分析，怎样巧妙地让客户介绍更多的客户给我们。

让我们来认识一位被称之为“世界上最伟大的推销员”：

乔·吉拉德，1928年11月1日出生于美国底特律市的一个贫民家庭，9岁时，乔·吉拉德开始给人擦鞋、送报，赚钱补贴家用。16岁就离开了学校，成了一名锅炉工，并在那里染了严重的气喘病。35岁那年，乔·吉拉德破产了，负债高达6万美元。为了生存下去，他走进了一家汽车经销店，3年之后，乔·吉拉德以年销售1 425辆汽车的成绩，打破了汽车销售的吉尼斯世界纪录。

从此，乔·吉拉德就被人们称为“世界上最伟大的营销员”。

他连续12年荣登世界吉尼斯纪录大全世界销售第一的宝座，他所保持的世界汽车销售纪录：连续12年最高峰平均每天销售6辆车，至今无人能破。

乔·吉拉德也是全球最受欢迎的演讲大师，曾为众多世界500强企业精英传授他的宝贵经验，来自世界各地数以百万的人们被他的演讲所感动，被他的事迹所激励。

乔·吉拉德其实并不比我们聪明多少，甚至先天性的具有缺陷，35岁以前，乔·吉拉德是个全盘的失败者，他患有相当严重的口吃，换过40个工作仍一事无成，甚至曾经当过小偷，开过赌场。

然而，谁能想象得到，像这样一个谁都不看好，而且是背了一身债务几乎走投无路的人，竟然能够在短短三年内爬上世界第一，并被吉尼斯世界纪录称为“世界上最伟大的推销员”。

他是怎样做到的呢？虚心学习、努力执着、注重服务与真诚分享是乔·吉拉德四个最重要的成功法宝。

销售是需要智慧和策略的事业。在每位推销员的背后，都有自己独特的成功诀窍，那么，乔的推销业绩如此辉煌，他的秘诀是什么呢？

1. 250 定律:不得罪一个顾客

在每位顾客的背后,都大约站着 250 个人,这是与他关系比较亲近的人:同事、邻居、亲戚、朋友。

如果一个推销员在年初的一个星期里见到 50 个人,其中只要有两个顾客对他的态度感到不愉快,到了年底,由于连锁影响就可能有 5 000 个人不愿意和这个推销员打交道,他们知道一件事:不要跟这位推销员做生意。

这就是乔·吉拉德的 250 定律,由此,乔得出结论:在任何情况下,都不要得罪哪怕是一个顾客。

在乔的推销生涯中,他每天都将 250 定律牢记在心,抱定生意至上的态度,时刻控制着自己的情绪,不因顾客的刁难,或是不喜欢对方,或是自己心绪不佳等原因而怠慢顾客。乔说得好:“你只要赶走一个顾客,就等于赶走了潜在的 250 个顾客。”

2. 名片满天飞:到处都是生意的机会

我在拜访客户的时候,曾经与一个厂家的业务员碰到一起,我们就开始聊起了销售,我到现在都还记得,他说过一句话:“我虽然不帅,但是我丑得有特点,让客户看一眼我,就忘记不了我!”作为业务员,有很多个性的做法,乔是怎么做的呢?

每一个人都使用名片,但乔的做法与众不同,他到处递送名片,在餐馆就餐付账时,他要把名片夹在账单中;在运动场上,他把名片大把大把地抛向空中名片漫天飞舞,就像雪花一样,飘散在运动场的每一个角落。你可能对这种做法感到奇怪。但乔认为,这种做法帮他做成了一笔笔生意。

乔认为,每一位推销员都应设法让更多的人知道他是干什么的,销售的是什么商品。这样，当他们需要他的商品时，就会想到他。乔抛散名片是一件非同寻常的事，人们不会忘记这种事。

当人们买汽车时，自然会想起那个抛散名片的推销员，想起名片上的名字：乔·吉拉德。同时，要点还在于，有人就有顾客，如果你让他们知道你在哪里，你卖的是什么，你就有可能得到更多生意的机会。

特别是那些做保险业务的业务人员，可以学习他的方式。

3. 建立顾客档案

更多地了解顾客，乔·吉拉德说："不论你推销的是任何东西，最有效的办法就是(1) 让顾客相信，(2) 让客户真心相信，(3) 你喜欢他，(4) 关心他。"

前面也有讲过，客户要的是产品安全，客户也知道你的产品会出问题，关键是你出现问题的时候怎么处理。如果你第一时间帮客户解决了问题，处理好了售后，甚至准备好备用的产品提供给客户使用，一点都不影响客户的生意，客户自然会对你很满意，根据 250 法则，客户对你满意了，他自然会让更多的人知道你的产品。

如果顾客对你抱有好感，你成交的希望就增加了。要使顾客相信你喜欢他、关心他，那你就必须了解顾客，搜集顾客的各种有关资料。

如果你想要把东西卖给某人，你就应该尽自己的力量去收集他与你生意有关的情报……不论你推销的是什么东西。如果你每天肯花一点时间来了解自己的顾客，做好准备，铺平道路，那么，你就不愁没有自己的顾客。

刚开始工作时，乔把搜集到的顾客资料写在纸上，塞进抽屉里。后来，有几次因为缺乏整理而忘记追踪某一位准顾客，他开始意识到自己动手建立顾客档案的重要性。他去文具店买了日记本和一个小小的卡片档案夹，把原来写在纸片上的资料全部做成记录，建立起了他的顾客档案。

乔认为,推销员应该像一台机器,具有录音机和电脑的功能,在和顾客交往的过程中,将顾客所说的有用情况都记录下来,从中把握一些有用的材料。

我就有一个典型的例子。有一次,我和妻子去一家隔了半年再去的房产公司,我想再次看一下我喜欢的房子,很惭愧我不记得我当初找的那位接待我的女孩子,我走进销售大厅,接待的人问我是不是第一次来,我说来过了,她问我还记不记得当初接待我的女生,我说好像姓刘,这时候,我眼睛扫了一下大厅里所以的接待员,看到第一次接待我的那位女生,她也看到我了,她很远就迎过来,问一声:"夏总,您好,您来了!"听到那一声问候,我很感动,那个接待员能认出我并正确地喊出我的称谓,她脑子里一定存有我的个人资料!她又一次带我们参观了我们心仪的样板房,回来的路上,我跟妻子说,我们一定要买那个房子,一定会跟那个女生买,其实她姓谢!可想而知,你真真把客户放在心里,也一定会让客户感动!

乔说:"在建立自己的卡片档案时,你要记下有关顾客和潜在顾客的所有资料,他们的孩子、嗜好、学历、职务、成就、旅行过的地方、年龄、文化背景及其他任何与他们有关的事情,这些都是有用的推销情报。

所有这些资料都可以帮助你接近顾客,使你能够有效地跟顾客讨论问题,谈论他们自己感兴趣的话题,有了这些材料,你就会知道他们喜欢什么,不喜欢什么,你可以让他们高谈阔论,兴高采烈,手舞足蹈……只要你有办法使顾客心情舒畅,他们就不会让你大失所望。"

4. 猎犬计划:让顾客帮助你寻找顾客

乔认为,干推销这一行,需要别人的帮助。乔的很多生意都是由"猎犬"(那些会让别人到他那里买东西的顾客)帮助的结果。乔的一句名言就是“买过我汽车的顾客都会帮我推销”，说穿了，就是让客户帮你介绍生意，现在有的直销商和微商，基本上就是用这种方式发展业务和下线。

在生意成交之后，乔总是把一叠名片和猎犬计划的说明书交给顾客。说明书告诉顾客，如果他介绍别人来买车，成交之后，每辆车他会得到 25 美元的酬劳。

几天之后，乔会寄给顾客感谢卡和一叠名片，以后至少每年他会收到乔的一封附有猎犬计划的信件，提醒他乔的承诺仍然有效。如果乔发现顾客是一位领导人物，其他人会听他的话，那么，乔会更加努力促成交易并设法让其成为猎犬。

实施猎犬计划的关键是守信用——一定要付给顾客 25 美元。乔的原则是：宁可错付 50 个人，也不要漏掉一个该付的人，猎犬计划使乔的收益很大。

1976 年，猎犬计划为乔带来了 150 笔生意，约占总交易额的三分之一。乔付出了 1 400 美元的猎犬费用，收获了 75 000 美元的佣金。

5. 推销产品的味道：让产品吸引顾客

每一种产品都有自己的味道，乔·吉拉德特别善于推销产品的味道。与“请勿触摸”的作法不同，乔在和顾客接触时总是想方设法让顾客先“闻一闻”新车的味道。他让顾客坐进驾驶室，握住方向盘，自己触摸操作一番。如果顾客住在附近，乔还会建议他把车开回家，让他在自己的太太、孩子和领导面前炫耀一番，顾客会很快地被新车的“味道”陶醉了。根据乔本人的经验，凡是坐进驾驶室把车开上一段距离的顾客，没有不买他的车的。即使当即不买，不久后也会来买。新车的“味道”已深深地烙印在他们的脑海中，使他们难以忘怀。

乔认为，人们都喜欢自己来尝试、接触、操作，人们都有好奇心。

不论你推销的是什么，都要想方设法展示你的商品，而且要记住，让顾客亲身参与，如果你能吸引住他们的感官，那么你就能掌握住他们的感情了。

6. 诚实

推销的最佳策略是诚实，而且是唯一的策略。但绝对的诚实却是愚蠢的。如果乔告诉客户，我推销一辆车子，我可以拿到500美元，我可以给你25美元，还有客户愿意帮你推荐生意嘛？如果告诉客户，我会把本来属于我的25美元分享给你，其实这句话也不是谎言，所谓你诚实，我的理解是你可以不说，或是尽量不说，但说出来的事情，不要欺骗客户，至少不要让客户有受欺骗的感觉。

前面也讲过，诚实不是说你把底线都告诉客户，有的人把一句真话讲得很虚伪，他给客户的感觉就是假话和欺骗，如果你把一句话讲得很真诚，客户感觉你就是真诚的。比方说，你告诉客户，这个月订单再没有进展，你就会下岗了，客户也知道，你讲的这句话不一定是真的，但是你用很真诚的态度告诉客户"你可能会下岗"，客户就会感觉到你很真诚，就会萌生帮助你的想法。

这就是推销中的"善意谎言"原则，乔对此认识深刻。诚为上策，这是你所能遵循的最佳策略。可是策略并非是法律或规定，它只是你在工作中用来追求最大利益的工具。因此，诚实就有一个程度的问题。

推销过程中有时需要说实话，一是一，二是二。说实话往往对推销员有好处，尤其是推销员所说的，特别是顾客事后可以查证的事，所以有些话你可以不说，但如果随随便便说出来，客户对你产生疑惑，有一天，客户从另外的渠道知道真实的情况，客户一定会对你不满意。

乔说："任何一个头脑清醒的人都不会卖给顾客一辆六汽缸的车，

而告诉对方他买的车有八个汽缸。顾客只要一掀开车盖，数数配电线，你就死定了。”

所以对自己产品的性能要充分的了解，绝对不能夸大其词。

如果顾客和他的太太、儿子一起来看车，乔会很诚恳对顾客说：“你这个小孩真可爱。”这个小孩也可能是有史以来最难看的小孩，但是前面有讲过，看多了习惯了就是好的，对客户而言，他的孩子就是世界上最可爱的孩子，明知道他的孩子有点缺陷，可是客户还是喜欢听你夸奖他的孩子。“你的孩子怎么长成这个样子？”如果要想赚到钱，就绝对不可这么说。

乔善于把握诚实与奉承的关系。尽管顾客知道乔所说的不尽是真话，但他们还是喜欢你拍马屁。少许几句赞美，可以使气氛变得更愉快，没有敌意，推销也就更容易成交。但是也要注意分寸和尺度，如果从进门那一刻，你一直不停地赞美客户，客户再喜欢听你赞美，也会弄得不自然，也会感觉你虚伪。

有时候我们甚至可以撒一点小谎，就像谈恋爱，男孩子指着天上的星星说：“亲爱的，你真漂亮，我想只有用星星串成的项链才配得上你，我一定要把星星摘下来！”难道女孩子不知道男孩子在说谎？可是女孩子听到男孩子说这样的话，一样都会喜欢。

我们经常会看到推销员因为告诉顾客实话，不肯撒个小谎，平白失去了生意。顾客问推销员他的旧车可以折合多少钱，有的推销员为难地说：“你这车，可能值不了几个钱了。”当然业务员可能是讲了句实话，可是这样行吗？

乔绝不会这样，他会撒个小谎，告诉顾客，这辆车能开上 12 万公里，你的驾驶技术的确高人一等。这些话使顾客开心，赢得了顾客的好感。

7. 每月一卡:真正的销售始于售后

乔有一句名言:“我相信推销活动真正的开始是在成交之后,而不是之前。”推销是一个连续的过程,成交既是本次推销活动的结束,又是下次推销活动的开始。推销员在成交之后继续关心顾客,将会既赢得老顾客,又能吸引新顾客,使生意越做越大,客户越来越多。

“成交之后仍要继续推销”,这种观念使得乔把成交看作是推销的开始。乔在和自己的顾客成交之后,并不是把他们置于脑后,而是继续关心他们,并恰当地表示出来。

乔每月要给他的1万多名顾客寄去一张贺卡。一月份祝贺新年,二月份纪念华盛顿诞辰日,三月份祝贺圣帕特里克日……凡是在乔那里买了汽车的人,都收到了乔的贺卡,也就记住了乔。正因为乔没有忘记自己的顾客,顾客才不会忘记乔·吉拉德。

假设你接到这样一个任务,在一家超市推销一瓶红酒,时间是一天,你认为自己有能力做到吗?你可能会说:小菜一碟。那么,再给你一个新任务,推销汽车,一天一辆,你做得到吗?你也许会说:那就不一定了。

如果是连续多年都是每天卖出一辆汽车呢?你肯定会说:不可能,没人做得到。可是,世界上就有人做得到,这个人在15年的汽车推销生涯中总共卖出了13 001辆汽车,平均每天销售6辆,而且全部是一对一销售给个人的。他也因此创造了吉尼斯汽车销售的世界纪录,同时获得了“世界上最伟大推销员”的称号,这个人就是乔·吉拉德先生。

推销作为一种职业,是所有的人都可以成为一个出色的推销员?还是具有某种特质的人,他才可以做这样的工作呢?

我的答案是每个人都可以做得到,只要你用心去做。乔·吉拉德出生在美国的一个贫民窟，比你们想象的还要贫困。他没有念完高中，父亲总是打击他，说他做不到，做不到，做不到。相反，母亲却时常激励他，说他能做到，他能做到，让他瞧瞧。但是由于父亲的打击，过去乔连说话都结巴，因为言语上的打击使他丧失信心。妈妈助他一臂之力，开始将乔推向了人生之巅。她向所有人证明她的儿子乔能做到。

乔告诫那些靠销售吃饭的同行："那么，你当然同样也能做到。我并不比谁强。你看，我有两只手，还有常用的两只耳朵，我常常用耳倾听而不是用嘴说话，嘴巴仅仅用来吃饭。说得越少，听得就越多。我经常告诉人们，如果你像我这样做，在我的指导下你将会变得富有。下面举个例子，我走遍世界各地，我都被问到同样的一个问题。无论我在哪个国家，法国、德国、挪威或是西班牙，你在这儿能成功吗？在中国也一样，别人问我，你能在中国一如既往地成功吗？美国也许更容易些。在中国做销售就像在加拿大、法国、西班牙一样容易。如果在中国，给我六个月，在中国只要六个月，凭我的头脑，我将再度成为世界第一的推销员。"

乔·吉拉德曾讲述他的经历："在 1963 年 1 月份之前，我是一个建筑师，盖房子。到 1963 年 1 月为止，我盖了 13 年房子，我赔得一无所有，什么都没了。我把房子都赔进去了，银行把我从家里赶了出来，把我太太和两个孩子都赶了出来，还没收了我和我太太的车。我破产了一次，我太太的问话给我当头一棒。她说：'乔治，我们没钱了，也没吃的了。我们该怎么办？'所以第二天，当时我们住在美国密歇根，我出去找工作。这样就可以给家里买吃的了。那天，非常冷，雪很厚，我不知道当时为什么去了汽车经销店。只记得我走进去，叫他们给我一份工作。老板嘲笑我说：'我不能雇你，正值隆冬，没有那么多生意。如果我雇了你，其他助理推销员肯定会生气的。我们不能雇你。顺便问一下，你卖过车吗？’‘没有，可我卖过房子。’他说：‘那就更不能雇你。’我告诉老板，你只要给我一部电话、一张桌子。我不会让任何一个跨进门来的客户流失，并且我还会带来自己的客户，我会在两个月内成为你们这里最棒的推销员。他说：‘你疯了！’我说：‘不！我饿了！’他答应了，给了我电话和桌子。就这样，我打了一天的电话，八九个小时，都在电话前。最后，那天晚上我一直工作到晚上8点50分。我兑现了承诺，没有漏掉一个跨进门的客户。在那时候，甚至我还没意识到我的生活又重新开始了。店门打开，客户进来径直向我走来。你知道这像什么吗？就像一大袋食物径直朝我走过来。亲爱的，过来，过来。我与客户坐了大约一个半小时，卖给他一辆车。那是我卖的第一辆车，你知道事后他对我怎么说吗。他说：‘乔治，我买过很多东西。但从没有见过一个人能像你这样恳求。’我求他。破产的那年，我35岁。过了3年，我就被称为‘世界上最伟大的推销员’，仅仅3年。”

用近乎乞求的方式，乔·吉拉德销售出自己销售生涯里的第一辆汽车，从而迈出了成功的第一步。当时饱受饥饿折磨的乔·吉拉德很清楚，只要多卖出一辆车，就能换回更多的食物。于是，乔·吉拉德得出了自己销售生涯中的一大结论：顾客就是你的衣食父母，不要得罪任何一个顾客。因为每个顾客身后还有包括亲戚朋友在内的250个顾客，如果你只要赶走一个顾客，就等于赶走了潜在的250个顾客。这就是前面提到过的乔·吉拉德的“250定律”。

所以，我经常招收业务员，我都会问他们，你们做销售是为了什么？只是简单为了一份工作？还是当前除了销售没有更好的选择？我一般会选择两种人，一种是想通过销售实现自己理想的人，还有一种就是要靠销售才能养家糊口的人。

乔·吉拉德说：“当我乔·吉拉德卖给你一辆车以后，我要做三件事：服务、服务、还是服务。有人问我：‘乔治，我一个月只卖掉几辆车，都有点照顾不过来客户了。你怎么做到的？你的业绩可是平均一天卖6辆，你怎么权衡？你怎么为这么多客户提供服务？’”乔·吉拉德说：“一个月卖掉四五十辆车对我来说太容易了。我与一家很有情调的意大利餐厅签有合约。在每月的第3个星期三，我会邀请客服部的36位同事，他们是维修汽车的技工，邀请他们来与我一同进餐。我给予他们关爱，重要的是他们也表现出对我的爱。所以当客户来的时候，我的助手去客服部能请出4位技工，二话不说打开工具箱马上开始修理你的爱车。在那之后你会去找谁买车？乔·吉拉德！因为我给你们关爱，卖车时我会给你承诺，因为我卖给你车后会告诉你，我绝不会对这辆车置之不理。你叫艾迪，对吗？艾迪，我绝不会抛弃这辆车，我会一直关注这辆车。无论你何时何地需要我，我都会给你的车提供超乎想象的服务。投之以桃，报之以李。”

通过口碑相传，乔·吉拉德的服务尽人皆知。全美国的人蜂拥而至，来他这里买车。

乔·吉拉德认为他取得的成功都是因为基于一个原则就是善待客户。

我想每个人都想成为一个伟大的推销家，可是现在的竞争环境仍需规范，特别是生活中推销无处不在。我们开始注意到一个现象：人们对推销员会有一种抗拒心理。比如说您在一些办公大楼或居民楼上会看到一些标语，谢绝推销。在生活中甚至很害怕认识一个推销员，很怕他粘住你不放。有的人会认为，做推销的这个人一定是学无所长，只好去从事推销这样一个工作。不知道你怎么看待这个现象？对于一个推销员来说，他怎么去克服这样的障碍？勇敢大方地向别人介绍自己？很多推销员甚至在几年之后都无法解决这个心理问题。

乔·吉拉德说：“我有一个特点，就是我了解人，我甚至知道你现在想什么。当你走进来时，我观察你的眼睛、你的嘴唇，与你握手时，我感受到你的感觉、你的身体在和我对话。我还会更加注视你的嘴唇，它是告诉我信息的器官。我来讲个小故事，一次有个人来到我的办公室，我注视他的眼睛，他的嘴唇。他的眼神很紧张，嘴唇紧闭，这个家伙要拿走我的钱，他很害怕别人拿走他的钱。他周围的空气充满着紧张与恐惧。来到我的办公室，害怕得直打哆嗦，我看着他的眼睛和嘴唇问他：'布朗先生，我能做些什么？'当我问话的时候，他的嘴唇开始张开，眼角的恐惧也渐渐消失。'告诉我，我用两只耳朵，这是上帝同样赐予你，赐予我以及其他人的两样东西。'当别人说话时，你要全神贯注的倾听。看着对方的脸，听着他的声音。你越善于倾听，说话的人越信任你。但是太多的人只顾着用嘴巴说。嘴巴只善于做一件事情，那就是吃。除此之外，闭上你的嘴，让别人说，别人就会开始喜欢你。"

如果我们真正关心这个客户的需求，经常去倾听，去了解他这个人的话，闭上你的嘴，那么既了解了客户，在这个过程中也建立了客户对你的信任。我经常翻看到一些销售技巧的书籍，上面要求业务员有演说家的口才，但是我要提醒你注意，前面也说过，客户一般都不喜欢话多的业务人员，更不喜欢你指手画脚，哪怕有时候客户犯错误了，你只能善意的去提醒，最好是什么都不说。

日常生活中，不仅仅是推销员或商人，我们每个人都可以做到这一点，尤其是为人父母时。我们做父母的少说话，侧耳倾听，倾听你的孩子的心声，跟孩子做朋友，你才能真正赢得孩子的喜欢和尊重。让孩子们通过倾诉而感到快乐。正如客户喜欢向我们倾诉一样快乐，就这么简单。

上帝造了人类，有两只耳朵，两只眼睛，一只嘴巴，上帝就是要我们知道，多听多看少讲，俗话说"言多必失"，多听少说，了解顾客的需求，搜集顾客的各种相关资料。不论你推销的是什么东西。如果你每天肯花一点时间来了解自己的顾客，做好准备，铺平道路，那么，你就不愁没有顾客。

因为口碑相传，大家相互传说关于乔的故事。你需要预约，有时候你需要等上一周甚至10天来买车，形成这种状况的原因除了服务，还有一个，就是乔从来不占别人便宜。无论是在婚姻中还是在生意中。你从他这里买车的话，你就是唯一一个享有如此低价的客户。那么下次你会去哪儿买呢？乔从来不伤害别人。因为如果你伤害了人，你知道你伤害了什么吗？你自己！借助价格和服务，通过口碑相传，人们疯狂地想要排队等待从乔这里买车。你知道为什么吗？因为乔是个好人。

为什么会有这么多人知道乔·吉拉德？原因很简单，乔·吉拉德比任何一个销售员都善于推销自己。

乔·吉拉德的那句名言还记得吗？就是："推销活动真正的开始在成交之后，而不是之前。"他深信：在成交之后继续关心顾客，将会既赢得老顾客，又能吸引新顾客。于是，乔·吉拉德每月会给他曾经的顾客寄出上万张他亲笔签名的贺卡，让顾客们永远记住乔·吉拉德，永远记住，买汽车只要去找一个人就可以了，那个人就是——乔·吉拉德。

第六章
要跑马拉松　先练好内功

一个优秀马拉松选手应具备强大的意志力，以及强大的心肺功能。前面调侃讲过：业务员起得比鸡早，睡得比狗晚。没有相应的体魄，业务人员很难支撑这样的工作。业务人员的工作内容决定了，没有规律的用餐，没有及时的休息，山珍海味能吃得下，泡面一碗也能随时充饥，五星宾馆睡得香，街边小店也能睡得着。

业务人员除了能吃苦，还要丰富自己的内涵。

一　树立明确的目标，要有野心

福特汽车的创始人亨利·福特先生说过："没有野心的人不会成就大事。"他告诉我们一个道理，做任何事情都要有明确的目标，他的经历就是对这句话最好的诠释：他本来是一个农场主的儿子，最初只是一个汽车制造厂的工人，却因为有着"不屈居于人下被别人利用而过一生，想自己开一家制造汽车的工厂"的目标，最终于 1902 年 11 月，创建了自己的公司——福特汽车公司，成为家喻户晓的亿万富翁，并被美国人称为"一个新时代的缔造者"。

人活着就得有目标和野心，否则，他就像一艘没有舵的船，永远漂流不定，只会到达失望、失败与丧气的海滩。福特先生的野心超过了他的身高，他要缔造一个人人都能享用汽车的世界。这似乎难以想象，但他成功了，他成了全球小汽车市场的主人，并使福特公司赚得了惊人的利润，用他的话说：那不是在制造汽车，那简直是在印刷钞票。财富与目标成正比。如果你胸怀大志、目标高远，你的财富之山就将垒向云霄，如果你只想得过且过，那你就只有做末流鼠辈的份儿了，甚至一事无成，即使财富离你近在咫尺，你也只会获得很少的一点点而已。

美国第一位亿万富翁洛克菲勒也说过："做最富有的人，是我努力的依据和鞭策自己的力量。在过去的几十年中，我一直是追求卓越的信徒，我最常激励自己的一句话就是：对我来说，第二名跟最后一名没有什么两样。如果你理解了它，你就会认为，我以无可争辩的王者身份统治了石油工业不足为奇。"

哈佛大学曾经做过一次非常著名的跟踪调查，被调查的人都是一群智力、学历、生活环境差不多的青少年，从 600 份的调查中发现：27%的人没有明显的目标，60%的人目标模糊，10%的人有比较清晰的但比较短期的目标，3%的人有清晰且长期的目标。

20 年的跟踪调查研究结果显示：3%的有清晰且长期目标的人。20 年来，他们都朝着同一方向不懈努力，20 年后，他们几乎都成为了顶尖的社会各界成功人士；10%有清晰短期目标的人群，20 年后，大都成了社会的中上层，他们有一个共同的特点，短期目标不断被实现，状态稳步上升，都成了各界的精英或可或缺的专业人士；而 60%的目标模糊者，几乎生活在社会的中下层，一般能稳定地工作，但没有什么突出的成绩；剩下的 27%的人群，20 年来，无所事事，生活在社会的最底层，他们过得不如意，经常埋怨社会，经常失业。

这个调查让我们发现，如果一个人没有明确且坚定的目标，那么他不可能获得成功的。所以一个有成就的业务人员，一定要有明确的奋斗目标，在大学里，甚至就做好了职业生涯规划，到了工作阶段，又有了具体的工作目标，并为目标而努力。如果没有目标、没有方向，就失去了前进的动力，正如有一位名人讲的那样："对于盲目的船来说，所有的方向都是逆风。"

世界著名的游泳健将佛罗伦斯·查德威克，从卡得林那岛游向加利福利亚海湾，在海水中泡了16个小时，离目标只剩下1 800多米，她看见前方大雾茫茫，潜意识发出了"何时才能游到彼岸"的信号，她顿时浑身困乏，失去信心。于是她被拉到小艇上休息，失去了一次创造纪录的机会。事后佛罗伦斯·查德威克才知道，她本来已经快登上成功的彼岸，阻碍她成功的不是大雾，而是她内心的疑惑，对目标的动摇，是她在大雾挡住视线后对创造纪录失去了信心。

过了两个月，佛罗伦斯·查德威克又一次重新游到加利福利亚海湾，游到最后，她不停地对自己说："离彼岸越来越近了！"潜意识发出了"我这次一定能打破纪录"的信号，她顿时忘记了疲乏，浑身来劲，最后佛罗伦·查德威克终于实现了目标。

本书的题目是"跟客户谈一次马拉松式的恋爱"，市场没有那么容易被你拿下，客户没有那么容易被你征服，做好跑马拉松的心理准备，确定好目标，无论什么样子的客户和市场，肯定都会被你拿下！

马云曾经说过，"今天很残酷，明天很残酷，后天很美好，可是有很多人都死在明天的晚上"，市场竞争就是这样的残酷，你没有跑完马拉松的目标，你没有跑完马拉松的意志，凭什么你能随随便便成功？

二 树立成功的信念

成功是一种信念，也是一种习惯。有些人习惯成功，有些人习惯不成功。成功是一种心态，是一种思考模式，你习惯了成功，你就更加容易成功，你习惯了不成功，你就经常会给自己心里暗示，暗示自己不容易成功，所以更不成功。

跑马拉松，一定要有舍我其谁的豪气，没有人天生能跑马拉松，马拉松冠军也不是天生的，但他们肯定有成功的信念，这种信念会不断支撑他从跑 1 公里到 10 公里，从跑 10 公里到跑 20 公里，到跑完全程，从 6 小时跑进 5 小时，从 5 小时跑进 4 小时，最后跑到 3 小时以内。没有成功的信念，你绝对不可能年复一年地去奔跑，你的前方没有别的，只有目标，你的心里想不到任何其他的困难，你有的只是成功的信念。

成功就是简单的事情重复做，只要你确定目标，落实于行动，坚持不懈，一定会成功，今天不成功，明天也会成功。

三级跳远世界冠军米兰·提夫，在 8 岁前患了小儿麻痹症，但经过自己学走、学跑，终于研究出怎样的姿势合乎法则，下一次争取比上一次更远，无数次在跳远的跑道上奔跑，才换来世界纪录的诞生。

电影巨星史泰龙大家都知道，在他成名之前很落魄，他跟今天很多闯荡在横店的小年轻一样，怀揣着梦想，身上最穷的时候，只有 100 美金，连房租都交不起，睡在一辆破车里。他立志当一个演员。他满怀信心去纽约的电影公司去应聘，但由于相貌平平，吐词还不清楚，而遭到拒绝。当纽约 500 家电影公司都拒绝他后，他仍然坚持“我一定会成功”的信念，从第一家公司再度尝试，在被拒绝 1 550 次后，他写下了“洛基”的剧本，并拿着剧本四处推荐，继续被嘲笑和奚落。在一共被拒绝 1 855 次后，终于找到一个肯拍那个剧本的电影公司，电影老板拒绝了他在电影中扮演角色，但是到最后，坚持到底的史泰龙终于成为国际巨星。

你能面对 1 855 次打击还不放弃成功的信念吗？如果你能，你一定能成为巨人。

真正顶尖的推销员都有一个宗旨、一个使命，他知道在拜访客户的时候，他代表的是公司，代表的是最佳的产品、最佳的服务，代表的是市场上最有价值的产品，“顾客不买是顾客的损失”，自己丝毫没有损失。当你不觉得你的产品或服务是这么有价值的时候，任何的产品你都推销不出去。因为说服是信心的传递，是情绪的转移，假如你对自己的产品没有这样的热忱，没有这样的信念，或者你不是很迫不及待地想要分享给别人，事实上你已经没有办法推销了。

所以，销售最重要的是，把你对产品的信心，对自己的信心当做一个重要的信息传递给你的客户，把你这种良好的情绪带给你的客户，让他对你和你的产品充满信心，让他被你的情绪所感染。

当你有了必胜的信心了，接下来该怎么办？

马上行动！直到成功！永不放弃！成功就这么简单！

三 无论走到哪里，随身带一本书

一位已经卸任的哈佛大学的校长告诉学生们：“人，要是能养成每天读 15 分钟书的习惯，则 20 年后，判若两人。”这是一个十分有益的告诫，说明学习贵在养成良好的读书习惯。哈佛大学的教授曾经给学生们算过一笔账：如果每天花 15 分钟看书，一个中等水平的读者读一本一般性的书，一年大概可以读 20 本书，这个数目还是相当可观的，远远超过世界上平均阅读量。

前面讲过，要让自己成为博学家，因为你要跟各色各样的客户打交道，拉关系，天文地理、政治人文、风土人情、体育艺术、语言文学等等都要有涉及，所以一个好的业务人员，要多看书，了解管理，了解技术，了解管理、技术之外的知识。书的类别不限，但是也要注意涵盖这些方面：管理类、人文类、军事经济类、科学技术类、文化体育类、时尚类、旅游类、天文地理类、沟通技巧类、文学作品等等。

哈佛大学的维德勒图书馆有藏书近350万册，这只是哈佛大学100多座图书馆中极为普通的一座，但是这座图书馆却与众不同。

由英格兰红砖砌筑的坚实墙体外，耸立着两块石碑，其中的一块碑文写着"维德勒，哈佛大学学生，生于1885年6月3日，1912年4月15日与泰坦尼克号一起沉入大海。"另一块碑文为："这座图书馆由维德勒的母亲捐建于1915年6月24日。馆内最有意义的一本书是《散文集》。"

这是怎么回事呢？原来是这样的：当年，泰坦尼克号在茫茫大海中即将沉没之时，维德勒和他的母亲一起正准备登上小船逃生。突然维德勒转过身，让母亲先上小船，自己转身要返回船舱。他告诉母亲："我忘记带《弗朗西斯·培根散文集》了。我不能让这本我最喜欢的书沉入海底！"就这样，爱书如命的哈佛学子维德勒，为抢救一本书，最终和书一起沉入大海。

在图书馆的一角，摆放的就是那本《弗朗西斯·培根散文集》。那本书已经完全褪色了，极普通的纸质，没有精美的包装，摆放于一个不大而密封的玻璃框内，这本书是维德勒的母亲捐建成该图书馆后，购买的第一本书，这本书已经在这里静静地躺了有将近100个年头了。在书的下方写着这样一行字：书与维德勒同在！

所以为什么我要鼓励大家多看书，前面讲过，你的产品，犹如你身上的衣服，你的衣服不一定是大牌，但是通过你的内涵和修养，一定可以穿出大牌的感觉，所以为什么不同的人做相同的产品会有不同的结果。

四 跟成功的人做朋友

现实生活中，衡量一个人是否成功，或是可能成功，我们看看他的朋友圈就能有个大概的感觉。有些人，天天跟一帮喜欢酒精的人在一起，可想而知，无论他酒量如何，他都会喜欢上喝酒；如果他的朋友圈有几个瘾君子，他早晚也会吸上毒品；如果他周围有几个麻友，他早晚会爱上麻将。

和不一样的人做朋友，就会有不一样的人生，这样的人生选择权在自己手上，选择什么样的朋友，跟什么样的人走在一起，就选择了什么样的生活方式，也就选择了什么样的人生。和勤奋的人在一起，你不会懒惰；和积极的人在一起，遇到打击你不会消沉；与智慧的人经常在一起，你经常会得到启迪；与成功的人结伴，你会事业有成。科学家认为，人是最容易被环境改变的人，因为人有着复杂的心理暗示能力，与积极的人在一起，给自己的暗示就是，自己需要努力加油，与消极平庸的人在一起，人就很容易满足。积极的人就像太阳，走到哪里会将哪里照亮，不但能吸收别人的光芒，还能去照耀他人，给予他人积极的影响。

有人说，人生有几大幸运，求学的时候，遇到好的老师，给自己的一生带来方向；工作的时候遇到好的师傅、好的老板，你的职业生涯就可以少走好多弯路，今天你花几个小钱，花一天时间，你就可以学到我几十年的人生经验；人生遇到一个好的伴侣，好伴侣是你一辈子的良师益友，在你得意的时候，提醒你保持清醒的头脑，在你失意的时候，给你鼓励，不离不弃陪在你身边。

人生最不幸的是，你身边没有几个积极进取的朋友，在你落魄的时候，没人给你鼓气，没人为你加油，缺少几个远见卓识的良师益友，在你需要方向的时候，没人能给你指点迷津。

古有“孟母三迁”，她选择的是和谁做邻居，今天同样，你可以选择什么样的人做朋友，如果你想翱翔天空，那你就要和大雁做朋友，如果你想像狼一样有血性，你就要跟狼一起奔跑，如果你贪图燕雀的安逸，如果你羡慕牛羊的悠闲，你一定做不成大雁和狼。

但是，大多数的时候，业务人员需要自己去解决问题，你的领导不可能随时帮你解决问题，他也想不出那么多的方法。

盲人摸象的故事大家都知道，当一个业务员做的业绩越好，负责的区域越大，他需要独自解决的问题就越多，市场就像一只大象，光靠自己一个人摸，难以看清全貌、掌控市场，甚至不知道如何下手。

我们的业务员可以跟其他区域的业务人员或是其他公司的业务人员结成伴，大家相互借鉴别的区域的解决方法，大家一起来摸大象，大家从各个角度去摸象，最后会发现他有一只很大的头，有四条很粗的腿，有长长的牙，有尾巴，体型比较庞大，大家再一起探讨，市场从哪里入手，怎样打开。

特别是一个新入行的业务人员，不妨请别的资深的业务员帮你做角色扮演，给你设置一些障碍，想方设法地为难你，但注意不能刁难，为难和刁难还是有本质的区别，一些分区域管理市场的公司，销售管理人员不妨用这种方式去培训业务员。

一个成功的业务人员永远要懂得借力，要懂得学习别人身上的长处来为自己所用。我记得还在1995年，我去了一家外企，我身边有几个跟我差不多身份的人，都是外企的业务代表、负责一方的诸侯，我们那个时候成立了一个沙龙，经常在一起喝喝茶、聊聊天、吃吃饭、交流思想、交流业务、交流客户。

借力是一种智慧，不是懒惰。借力是一种互助，可以让你少走弯路。借力是一种共赢，不是捡便宜或是吃亏，要善于向别人借力，也要帮助别人，让别人也能从你这儿借到力。充满智慧的人，都善于相互借力，成人之美，助人为乐，实现自我，成就他人，这也是我写本书的目的。

成功的人都有方法，不成功的人都有不成功的理由，跟成功的人学习成功的方法。不过，必要时，也要向不成功的人请教，从他们那里得到失败的教训。

最近管理界流行一种学习形式——私人学习小组，一些企业家聚集在一起学习，就有了私人董事会，大家众筹开一间书吧，或是一间咖啡吧，10 多个志同道合的人，一起看书，一起讨论，一起学习，一起成长，有什么案例一起分析，有什么问题一起讨论，这种关系能保持 10 年左右。

一个人成功与否，看他们身边的朋友，“谈笑皆鸿儒，往来无白丁”。人生在世，多交一些成功的朋友，少交一些损友，对人生的成长，对事业的成功一定会有帮助。

五 多学习，让自己成为博学家

你只有懂得越多，跟客户找到相同点的可能性也就越多。有则笑话：“一只猫，想对鹦鹉下手，眼看就要抓住了，鹦鹉急中生智，学了两声狗叫……猫一听到狗叫，赶紧溜了……鹦鹉：还有你怕的啊，老子要不懂外语，就完蛋了！”

当然这只是一则笑话，但是生活中确实这样。活到老学到老，特别是信息时代，人一个阶段不学习，就跟时代脱节了，科技日新月异，机遇稍纵即逝，一个人要想不被时代所淘汰，想要人生有所收获，一定要善于学习。当然圣人说过“三人行必有我师”，毛主席说过“三日不学习，赶不上刘少奇”，圣人、伟人都知道要学习，何况我们呢？

释迦牟尼在菩提树下七日顿悟成佛。他一定是善于学习，在树底下思考了七天，终于领悟了成佛的道理，从此才有那么多信徒愿意追随他。

牛顿在树下，被一颗苹果砸中，发现了万有引力定律，牛顿善于学习才发现了万有引力定律，如果换着你，你最多知道，树上有苹果。

肯学习的人，会发现生活处处皆学问。每个人都有每个人的长处，脾气不好的人可能比较义气，粗俗的人可能比较好沟通，每个人身上都有长处，至少我们可以借鉴他们的教训，给自己智慧，让自己少走弯路。

六 提高自己的沟通技巧

其实做销售和做管理有很多相通之处，无论是做销售，还是做管理，甚至是治理一城一地，其实更多地都是做沟通。把自己的思想说给别人听，让别人喜欢自己、追随自己；把自己管理的想法告诉别人听，让别人按照自己的方式去解决问题，把自己的施政理念讲给选民听，让大家认同自己，都是在沟通。管理就是管人和理事，把人沟通好，把事情按最合适的方法去做好。事情是要人去做，做事的流程和方式还是靠人设定，所以还是要沟通。

一样的道理，跟客户沟通到位，客户接受了你的产品、你的服务、你的价格，客户就会持续为你买单，你产品再好，客户不买账，你的努力都是白费力。

沟通的前提是认可，认可的前提是大家要有共同的兴趣，所以你得让自己成为博学家，别说你要做销售，生活中多读点书，多懂点事，至少可以为生活增加情趣。

前面讲过，无论是销售，管理企业还是管理一城一地，都是用沟通去实现，你有再好的理念，你有再好的产品，你有再好的施政方式，你不能跟客户说明白，你不能跟员工说明白，你不能跟选民说明白，都不能好好地开展工作，所以一切的工作，都是从沟通开始。

关于沟通技巧的书籍，市面上有很多，很多的企业多做过类似的培训，可是生活中最难的还是沟通。

可能有人要问，我活了几十年了，难道我连话都不会说？俗话说：一句话说得人笑，一句话说得人跳。所以怎样说话，怎样表达你的意思，怎样让别人接受你的思想，沟通就显得尤为重要。

初次见客户，怎么跟客户介绍自己？怎么跟客户沟通？如何让客户了解自己、认识自己、接受自己？知道自己做的是什么品牌，怎样打破客户的防备心理？

人有利己性，都会关心自己的事情。当见到一张陌生面孔或接到一个陌生的电话时，虽然客户很关注自己关心的问题，但此时内心充满好奇或防卫，“你又想来忽悠我们什么东西？”而这个困惑是客户当下最关注的。此时合理的自我介绍，说明自己是谁，恰是在关注客户最关注的问题，所以适当地自我介绍是必要的。使用“客户可能关注的话题”时，双方未建立信任关系，客户还处于防卫状态，所以直接指出对方存在的问题可能会让客户感觉很不舒服，所以措词要注意。

可以举第三方的例子，也可列举客户可能希望达成的目标而非存在的问题，以降低客户的抵触甚至反感情绪。需要“他人推荐”时，要注意推荐的那个人以及那人所在的企业在客户心目中的地位和形象，尽量避免客户瞧不起、或有矛盾甚至是敌对的推荐人。

使用“自我介绍”和“第三方案例”时，特别注意不要让客户感觉到你在“自我彰显”“自我炫耀”，而是站在客户角度，讲自己的经验、成功案例可能会对他带来什么帮助，而不是说“我都做过、我都懂”“你们这点儿问题小菜一碟、根本算不了什么”，要始终注意客户的感受。

“自我介绍”要站在客户的角度，用自己的专业形象、专业经验和能力以及诚恳的态度去激发客户继续交流的兴趣，拉近双方的心理距离，并赢得客户暂时的信任，以便于之后双方敞开心扉地交流。

案　例

第二次世界大战期间，艾森豪威尔担任盟军在欧洲的最高指挥官。有一次，他去战场检查备战的情况，看到一个士兵从早到晚一直在挖壕沟，就走过去跟士兵说："大兵，今天感觉日子过得还好吧？"，士兵一看是将军，就敬了个礼说："将军先生，这哪是人过的日子！我在这边没日没夜地干活，只为挖条沟。"艾森豪威尔说："我想也是，你上来，我们走一走。"将军告诉他，他也很痛苦，每天面对大量的生死，每天要做出大量的判断，一旦判断出错，可能会有成千上万的士兵死去，打仗之前总睡不着觉，对前途也经常深感迷茫。

最后，艾森豪威尔对士兵说，如果可以，我情愿做个士兵，虽然很枯燥，但是很能睡得着，其实我们两个都一样，也许你没被累死，我已经被压力压死了，绕了一圈以后，那个士兵跟将军说："将军，我还是去挖我的坑吧！"

这个案例说明沟通就是一种工作方式，也是种激励的手段，尤其是做管理，普通的员工认为你过得太舒服，甚至不知道你在忙什么，只知道你只要讲讲话就好了，其实你的痛苦他并不知道。

沟通就是信息传递，而信息的传递往往跟沟通的方式、沟通的情感、双方的领悟程度、学术水平有关系。沟通的关键就是有效，如果你不知道坐在你对面的是一个什么样性格的人，不知道他有什么喜好，就很容易产生鸡同鸭讲的效果，这样的沟通不但没效果，反而徒增反感，所以跟客户的沟通很重要。

很多的业务员经常犯不会说话的错误，很多的公司特别是电话营销类的公司，都有现成的“话术”，为什么要设计“话术”？一般这样的公司都有规范的服务流程，不需要你有太多的创意，你只要按照公司的标准格式给客户提供解答，如果你听过电信的服务电话或是移动的客服电话，电话那头，你听到的永远是标准的模式。

特别是骗子公司，“话术”都是设计好的，你的每一种疑问他们都有相关的“话术”对付你，一环套一环，当然我不是要你去骗别人，至少是客户有什么质疑，你要事先设计好，不要等客户问起来的时候，你没法应答，这样你给客户的感觉就是不专一，客户对你的人就不信任，如果不信任你人，他能信任你的产品？

我们有些新手，在第一次给客户打电话的时候，或是见面的时候，讲话很紧张，甚至有时候都不知道该怎么说话了，该说什么好，这样的新手，你不妨在拨通电话之前，在纸上写上要跟客户描述的要点，做一些功课，面访客户也是一样，做好准备，预计客户要提的一些问题，提前做好准备。

特别是我们跟客户要约见的时候，一定要在电话里跟客户讲明白，我们约见的理由和要处理的事宜以及大概需要的时间。

案　例

1. 李科长，我们希望针对贵公司项目就您关心的重点做些交流，主要想听取一下贵公司为什么要做这样的项目、存在哪些问题，并探讨这些问题的产生原因，讨论一下需要什么样的解决方案，以便于确定解决方案的关键点，这样使解决方案能够更好地满足贵公司需求，也提高方案的针对性和有效性，明天上午需要大约一小时，您看可以吗？

2. 严部长，今天希望针对您关心的采购流程做个交流，确定采购面临的关键问题，探讨这些问题产生的原因，共同讨论可能的解决方法，从而使解决方案能够更好地满足您的需求，也提高我们方案的针对性和有效性，您看可以吗？

3. 李总，今天下午希望就您这次发标的安排做个交流，主要是希望了解一下发标的具体时间和安排，看您有什么具体的要求和要求供应商注意的，以便能使投标顺利进行，我们也能有效准备，需要半小时，您看可以吗？

4. 孙主任，明天我想带着我们的技术工程师，就您医院在使用我们的仪器经常出现故障的问题来跟您做一些探讨和处理，并就这次的软件升级想听听您医院对于功能性模块有哪些需求和建议，大概需要半天时间，您看我们是上午去方便？还是下午去方便。

七 摆脱心中的恐惧

有很多人，大学毕业后，就被推上销售这个职业，因为其他的选择很有限。销售这一行很奇怪，有时候最需要经验，有时候你太有经验又不行。前面也讲过，种菜的老大爷摆几颗青菜在路上叫卖是一种销售，卖航天飞机也是一种销售，对于很多的初学者，或是初入门的业务人员，对行业的无知，对市场的无知，对社会的了解少之又少，这时候会经历一段恐惧期。

销售会遇到很多错综复杂的问题.很不幸，很多的时候，我们很难以自处，又无法得到别人的帮助，而且随着时间的推移，你会感觉那种惧怕的感觉越来越紧迫、复杂，压得自己喘不过气来。

这是刚入门的业务人员的惶恐。他们会买很多的销售技巧方面的书来学，用别人的方法去实践，你想去实践别人的经验，可是十有八九别人的方法用不上，每个人的情商不同，每个人扮演的角色不同，每个人的境遇又不同，最后你会发现，你必须亲自去探索这一切，你会真正体会到没有多少真正的权威可以让你去借鉴。

随着事情的进展，你越来越发现，那些惶恐很多都是由于你内心的恐惧，其实销售没有太多的技巧，就是做人和做事那么简单而已，你要的就是如何摆脱内心的恐惧。

恐惧的原因是因为未知，你对市场不了解，你对产品不了解，你对未来的客户不了解，你要做的就是心理的调适。“我怕把客户搞砸了。”“我怕我不能跟客户讲清楚。”“我怕我完成不了业绩。”“我怕我会失去这份工作。”其实恐惧的原因是自己没经历过，你只要调整好自己的心态，你要知道，你在寻求客户，客户也在寻求产品，你要做的就是把产品从工厂的仓库搬到客户的仓库。

人的婚恋也是一样，很多女孩子，遇到条件好的，嫌人家长得不够帅；遇到帅的，嫌人家文化不太高；遇到一个文化高的，嫌人家不懂风情，比较迂腐，左挑右选，需要自己降低标准的时候，又不甘心。所以产生了很多剩女。

所以我想，我们每次聚会都去做最好的努力，把每次最坏的结果做最坦然的理解，我们就会摆脱那种不安的情绪。生意也好，爱情也好，有时候，欲速则不达，生意和爱情一样，如清风徐来，火候到了，就到你收获的时候了。

有时候，你太想得到生意，往往就很难得到。做生意讲究的是双赢，同情赢不来爱情，也赢不来生意。所以，面对那些常有恐惧之心的入门者，我常告诉他们：你是给客户送资源的，我们让客户高兴，但不需要讨好他们，如果你给他带来好的产品，比请他吃饭更能让客户满意。

有了这样的心理暗示，我们就能摆脱初期的恐惧，对自己逐渐自信起来。自信是赢得客户尊重的真正原因。

八 适当地包装自己

对客户的第一次拜访很重要，就跟第一次相亲一样，在心理学上有一个首因效应，你第一次留给客户的印象，会影响你以后跟客户的交往。如果你是个女性业务员，切记不要第一次穿着暴露或色彩鲜艳的衣服见客户，不然你会给客户留下轻浮的感觉。如果碰上一个有点歪心思的客户，以后会碰到很多让你难堪的状况，因为你的穿着，会给他不良的心理暗示。

当然，大多数情况下我们遇到的都是正常的客户。第一次的包装，目的也是给客户留下一个不错的印象。

在恋爱期间也是一样，第一次的印象好不好，注定你能不能拨动她内心的弦。

由于别人对我们的印象是如此重要，我们经常试图去控制别人的思想，左右他们对我们的印象，有时候我们可以给别人制造某种印象，谨慎地用词，穿衣，以表现出专业的印象。

当然，我们第一次要找出和客户共同感兴趣的地方，我们尽力使用我们的多种兴趣和才智，以诚实的方式创造让客户感动的印象，当我们用这种方式得到别人的喜欢和接受的时候，我们欣赏对方，夸奖对方，提及达成共识的意见，将自己表现得可爱，变得有魅力。

包装不但是展现自己，同时也是尊重别人，更是一种给客户留下好印象的方法。这种迎合，如果不是带着明显的献媚，通常能激发起客户表现的欲望，前面也有讲，我们要尽量让客户多讲，我们多听。

当我们希望自己的能力能得到客户的认可和尊重时，我们可能用自我推广策略来描述我们的成就，策略性地演示我们的产品性能。但是在这样的意境下，如果女性表现出积极的自我推广行为，可能会冒一定的风险，会给别人一种不够谦虚的印象，所以，就算我们的产品很好，想给别人留下好印象，也尽量让客户自己去评判和总结。

第一次拜访客户的时间选择也很重要，如果客户心情不好，最好不要去打扰，你要选择好客户适合接待你的时间，客户有重要的接待、有重要的会议，都不合适去拜访。

拜访很重要的客户，去拜访之前最好先做好电话沟通。在拜访前，带好相关的营销工具，对自己的着装做些合适的整理，男孩子以职业装为主，女孩子可以穿得稍微活泼一些，但是也要注意，别把客户的注意力都转移到你身上来，这样可能会让你很尴尬。第一次到访还是要职业一些，后面熟悉一些的时候，按照出场的场合，可以做一些适当的调整。总之，你不能盖过客户的风头，你不能显得不职业。

第七章

为了马拉松式的恋爱要有良好的心理素质

我一直佩服马拉松运动员，对我来说，能连续跑 5 公里就感觉很不错了，成为一名马拉松运动员很辛苦，长期重复着枯燥无味的动作，在马路上不停地奔跑，甚至没人陪伴，不知道他们该用多大的决心才能坚持下来。当然我们每个人的体能不可能一样，但是做事情一定要学习马拉松运动员的精神，不到终点，永不停息，这次里程的结束，又是下一次奔跑的开始！

一名合格的马拉松运动员，除了要有良好的体魄，我觉得更重要的是要有永不放弃的决心，能拿到世界冠军的人少之又少，但是为什么还是有那么多人在孜孜不倦地奋斗，仅仅是因为兴趣吗？我觉得更多的是一种精神，一种追求卓越、坚持不懈的精神在支撑他们。

随着对生活态度的改变，人们不再追求吃得好，而是追求拥有健康的身体。越来越多的人重视体育活动，特别是喜欢马拉松运动，我身边就有好几个这样的朋友，周边有什么马拉松赛事一般都会去参加，

开始的时候，他们仅跑 5 公里，后来 10 公里，20 公里，越跑越长，

半程全程都能坚持下来，速度也越来越快。我有一个朋友已经能跑进4小时候之内了，这对于常人，是一个很不容易的成绩了！

马拉松的运动精神就是挑战自我、挑战极限、坚韧不拔、永不放弃！所以我总结，如果想立志成为一个卓越的业务人员，就跟跑马拉松一样，要耐得住寂寞，要不甘于平凡，要有积极向上的精神，不到终点永不放弃！

人的一生中，难免遇到困难，碰到阻力，甚至很多次想放弃目标，但是要知道，唯有困难，才能显示我们的能力，唯有压力，才能让我们充满激情，才能让我们将压力转化为前进的动力，如果随随便便能成功，你的价值又在哪里？

寓言故事

走出枯井

从前有一个农夫，养了一头驴子，驴子是他最好的伙伴。家里的农活，到附近的集镇买卖东西，都是靠他心爱的驴子帮他完成。可是有一天，驴子不小心，掉进了一口枯井里，枯井很深，驴子不断地哀嚎着，农夫想了很多办法，想把它弄出来，都没有办法，天渐渐黑了，农夫想到驴子也老了，听到伙伴的哀嚎，农夫于心不忍，农夫决定把驴子埋了，因为农夫实在听不下驴子的哀嚎了，于是农夫开始拿起铁锹，开始填埋驴子。

驴子发现主人准备放弃它了，驴子叫得更加的悲惨了，当填埋的土落到驴子的身上时，驴子本能的抖落了身上的土，于是它惊奇地发现，抖落的土被它踩在脚下，它离洞口越来越近了，驴子不断地抖落身上的泥土，最后，驴子终于爬出了枯井。

其实生活中，我们就如那驴子一样，会面临很多的阻力，会遇到很多的困难，这些阻力和困难，可以成为压在我们身上的泥土，把我们压死；也可以成为被我们抖落的泥土，成为我们不断攀升的垫脚石！唯有困难，才能显示我们的能力；唯有克服困难，才能显示我们的价值，变压力为动力，才能赢取最后的奖励。

马拉松是一项伟大的运动，伟大的运动需要不平凡的人来完成，历史上马拉松运动员，都有超强的身体素质和心理素质，身体素质需要长年累月地去练，心理素质也需要长时间地去磨炼。

如果你没有强大的使命感，没有强大的心理暗示能力，没有强大的心理素质，你就很难从事这项运动。

当然，你要想在营销界闯出一番天地，做出惊人的业绩，你也需要向马拉松运动员一样，磨炼自己的身体，磨炼自己的心智。

一 不甘于平庸

前一段时间，我参加了一次爬山活动，从攀爬中我悟出了一个道理：人的一辈子，其实就像在爬山，有时上坡，有时下坡，大部分时间都是在高高低低的坡上行走，人生一定有高潮和低谷，有山高人为峰的豪迈，也有低潮蛰伏的无奈。有时候要想爬上一座山峰，你可能要持续的走一段下坡路，甚至走到山底下，当一座山峰横亘在你面前的时候，你一般可以有三个选择，要不绕开，要不攀登，要不回头。

但一般来说，我们都不会甘于倒退，大多数的时候你又绕不开，你只能选择攀登，就算你有恐高症，你也只能硬着头皮往前走，生活就是这样。如果恐高，你一步都不愿意往上走，你只能永远驻足山底，拍两张照片，可以发发朋友圈，骗骗自己，自己曾经来过，但这样你十有八九不甘心。

于是你选择往上攀爬，你觉得你有决心克服恐高的恐惧，你想你可以不向下看，甚至可以选择闭上眼。但人生就是这样，你越是恐惧的事情，可能你越是容易经历到，你越是不敢向下看，你又控制不住不得不向下看，你不看脚底，你就找不到可以借力的下脚之处。

虽然我们选择了攀登，可是过往也没有爬过高山的经验，只有爬过几处山岗的经验，所以只能靠有限的经验，告诉自己，前面可能布满荆棘，前面可能没有借力的地方，前面肯定会手脚并用，所以你要尽可能地寻求帮助，寻求设备的帮助，寻求同伴的帮助。不但要有帮助，还要做好防护，因为自己没有失败的退路，一失足成千古恨，一失足就是葬身山崖，所以你必须做好周全的保障，但是留给你的时间并不多，你必须要做好最快的打算，在现有的技术条件下继续往上攀爬，你可能会在大脑里闪过，要是能飞过去该多好，但那也只能是幻想。

我们做了简单的防护，手套，头盔，绳索，这些东西告诉我们，人生需要借力，于是我们和同伴开始攀登。但有时虽然有绳索，还是需要有一个人走在上面拴绳索，可是上面没有可以落脚的地方怎么办？绳索只能靠我们的肩扛上去，拴绳索的同伴只能靠人梯攀上去，上去才能找到一个可以拴绳索的树根或是石块，这就是团队的作用。为了不使同伴掉队，前面人愿意拉你，后面的愿意推你一把，实在不行，后面的人蹲下，让你站在他的肩上，扛着你往上走。

当你爬上一块平台，你可以稍微休息调整一下，你可以有片刻的欢愉，可以补充点少许的能量，喝点水，你不敢吃多，因为后面还有挑战，体力要做好分配。可是随着时间的流逝，你又要快速的选择攀登下一个高度，当你爬上一片险峰，尽管你恐高，你还是忍不住向下看了看，远处的山峰真是美极了，你觉得付出终有回报。

随着一个高度被你征服，可是你还是不能到顶，走过一段斜坡，前面的石头挡住了你的视线，你不知道前面到底是山坡还是悬崖，是坡，坡度大不大，有没有可以借力的台阶；是悬崖，带的绳索够不够长，中间有没有挡住你移位的巨石？

这时候，也许你有些后悔，有些彷徨，如果你选择绕路或是退却，你没有太多风险，你最多会变得碌碌无为，也不会有生命的风险，但是想到刚才来的路，也是很艰难，退回去心有不甘，选择前进一般风景更好。

于是稍作休息，向上观察一下，判断哪些地方有可以借力的石缝或是突起的棱角，站上一块刀锋似的山尖，一边是悬崖，一边是山梁，其实这个时候，谁都会怕，但是命运没有机会给你去考虑怕与不怕，可以驻足的空间很有限，后面还有人等着过，只有扶着一边的山梁，眼睛盯着前面的石头，颤颤巍巍地一步一步向前挪，当你终于迈过这片山梁，终于可以到达一块平坦处，你不由得为自己欢呼，你的自信，你的自豪油然而生。

当然前面的攀登让你伤痕累累，但这时候你一定不会后悔，一定会向下一个目标——更高更危险的顶峰发起冲锋，越攀越高，越攀越难！人生就是这样，没有人会第一次就选择攀登珠峰，但攀登的最高目标一定是珠峰，就算没机会或是身体不容许，但是目标一定还在！

做营销也是这样，你要想做一个优秀的业务人员，你只有不断攀登，不断挑战自我，才能成长，成功。

也有人选择平庸，那他就没有机会见识山高人为峰的豪迈。

有这么一个故事。有一次，有个富翁，见到树底下有个懒汉在晒太阳，富翁就问他："你为什么不去工作呀？"懒汉反问："我为什么要工作？"

富翁说："你要是工作了，就有收入，你可以成家立业，享受工作带来的好处，你要是愿意，我可以给你一份工作。"懒汉笑了："我现在很舒服，我没有工作，但是我现在就很享受，我为什么要多此一举？"

富翁摇摇头无奈地走了。

不想做事的懒汉终会沦为乞丐，不想拿冠军的运动员终会沦为常人，不想有所成就的业务员十有八九会成绩平平，甚至止步营销事业。

试想，作为一个男性公民，如果你连雄性荷尔蒙都没有，你还怎么去追求异性？获得异性的青睐？

做一个业务员，没有拿下市场，拿下客户的决心，还怎么去做生意？大家都知道业务员的平均工资要比别人高，凭什么就该比别人高？如果你甘于平凡，不想吃苦，不想发财，你也基本上发不了财。

我的观点是，这辈子不容易，能干干净净地来，我们肯定不能平平淡淡地走，与其窝窝囊囊地混一辈子，还不如去拼一把，拼成功了，无限风光等着你，大不了不成功，重新来过，也不能让自己有所遗憾，有所后悔。

当我们老的时候，我们可以跟自己的孙子说："想你爷爷当年，怎么怎么的……"那种自豪感，你一定会美滋滋的。

二 要耐得住寂寞

马拉松是项艰辛的运动，你看到的是比赛的时候，更多的时候是一个人默默地挥洒着汗水，没有鲜花，没有喝彩，没有掌声，没有人陪伴，你自己跟自己比毅力，跟自己比速度。

我们做业务的也是，有时候，别人还在梦乡，我们已经在赶火车的路上；有时候别人已经在家享受温馨的晚餐，我们还守候在客户的门前；有时候别人在享受合家团圆，我们还在飞机上。销售成就了很多卓越的人才，也让业务人员曾经有无家可归的感觉。销售是一份磨炼你身体和心智的工作，成功的很多，默默无闻的也多，关键看谁的体力更好，耐力更好，谁更能耐得住寂寞！

鲜花的背后是汗水，掌声的背后是寂寞，成功的背后是失败，我们能享受胜利给我们带来的快乐，也要耐得住成功之前的寂寞，功成名就的人毕竟不多，更多的是默默无闻的平常之人。

虽然我们不甘于平庸，但我们经历的更多是平淡，是黎明前的黑暗，只有耐得住寂寞，才能充分享受灿烂阳光。

在运动的过程中，有人受伤，有人退出，人们能记住第一名，很少有人记得住第二名，我们更多的是面对寂寞和无奈，但我们不后悔，我们一直在拼搏，我们享受拼搏给我们带来的乐趣。我们能享受鲜花和掌声，我们也能耐得住寂寞。

这就是马拉松，这也是人生。

三 分阶段地实现目标

马拉松运动员一定不是天生就能跑得很长、很快，也是要通过长期的训练才能完成目标。我身边的马拉松爱好者，起初的想法可能是为了身体好些，身材苗条些，为了美丽，为了身材，她们什么都能坚持，晚上坚持不吃饭（当然这个我不赞成），坚持长跑，从 5 公里，到 10 公里，再到 20 公里。从自己跑，到参加比赛；从半程到全程；从跑不下来，坚持到能跑完全程；从跑完全程到跑出好成绩。

都是一步一步来的，既然我们认为跟客户做成生意就像跑马拉松一样，至少要做好跑马拉松的准备。有首歌也曾唱过“没有谁能随随便便成功”。我们一次可能跑不完马拉松全程，那我们可以分阶段实现，5 公里你可以跑吗？5 公里不行，3 公里可以吗？只要每次有进步，你就能一次次地进步，总有一天你可以跑完马拉松全程。

即使是马拉松运动职业选手，在跑的过程中，也不是一上来把目标定在 40 公里以后，肯定也是以 10 公里为目标，然后再设定下一个 10 公里。生活当中，我们很多人会犯这样的错误，他也不是没目标，但是把目标定得过大，经常有人立志，我们 5 年里要赚回 500 万，这样的目标也不是不能实现，关键是你怎么分阶段去实现。

有很多的人把目标定得太远，或是把目标定得太高，都不合适。

我建议刚走上工作岗位的新员工，先把目标定低点，给自己些成功的喜悦，或是成功的经验。前面讲过，选择目标客户，先选定一些相对容易的市场、容易的客户下手，给自己积累做大客户的经验，这样更能渐渐实现自己的理想。

四 修身养性

前面讲，做一个马拉松运动员，你要耐得住寂寞，如果今天有人喊你喝酒，你去了，明天有人喊你去逛街，你又去了，这样的情况，你是做不成马拉松运动员的，一方面，你的体型难以控制，第二个方面，你日常的训练难以保持，所以运动员要耐得住寂寞。

作为一个业务高手也是一样，你的行为是修来的。作为一个平凡人，要懂得因果，要知道付出，更要知道修炼自己，那你就更容易比别人接近成功！

要想改变命运，先要改变自己。

案　例

从改变自己开始

1930年初秋的一天，天刚刚破晓，一个只有1.45米的矮个子年轻人从位于日本东京目黑区神田桥不远处的公园的长凳上爬了起来，他用公园的自来水洗了洗脸，然后从“家”徒步去上班，在此之前，他已经欠了房东七个月的房租，已经被迫在长凳上“安家”睡了两个多月了。

他是一家保险公司的推销员，虽然每天都在勤奋的工作，但是收入少得可怜，为了省钱，他甚至不吃午饭，不搭汽车。

有一天，年轻人来到一家名叫“村云别院”的寺庙，他走上前去敲门："请问有人在吗?""哪一位呀?""我是明治保险公司的推销员。""请进来吧!"

听到"请"字，年轻人喜出望外，因为大家都对保险很是反感，之前敲人家门，听说是卖保险的，一般都不会开门，就算开门了，也不会有好脸色。

年轻人被带进寺院，与寺庙住持吉田相对而坐，寒暄过后，他见住持挺客气的，心中暗暗高兴，心想，今天有希望了，接下来便口若悬河、滔滔不绝地跟老和尚介绍起保险的好处。

老和尚一言不发，微笑地很有耐心地听年轻人把话讲完了，然后平静地说："年轻人，听完你的介绍后，我丝毫没有投保的意愿。"年轻人听见后愣住了，刚才还信心十足的他仿佛膨胀的气球一下子被人戳破了，一下子泄了气。

老和尚注视着他，良久，他接着说："人与人之间，像这样相对而坐的时候，一定要有强烈吸引对方的魅力，如果你做不到这一点，你将来没有什么前途可言。"年轻人哑口无言，老和尚又补充了一句："小伙子，先努力改变自己吧……"

从寺庙出来，年轻人一直思索着老和尚的话，他若有所悟。

接下来他组织了专门针对自己的批评会，每月举行一次，每次请几个同事或投保的客户吃饭，为此，他不惜把衣服送出去典当，目的就是让别人指出他的缺点。

"你脾气太急躁，常常沉不住气……""你经常自以为是，往往听不进别人的意见，这样很容易招致大家的反感……""你经常根本听不进客户的话，只顾自己夸夸其谈……""你面对形形色色的客户，你要多懂点各式各样的知识，这样你才能跟客户找到共同点，才容易产生话题……"

年轻人把这些可贵的逆耳忠言一一记录下来，随时反省、勉励自己，努力扬长避短，发挥自己的潜能。

每一次批评会后，他都有种被剥了皮的痛感，通过一次次的批评会，他把自己身上的一点点缺点剥落下来，他每天都感觉到自己在成长、进步。

与此同时，他总结出39种不同的笑容，并一一列举出各种笑容要表达的心情和意义，然后对着镜子反复练习，直到镜子中的笑容符合自己的要求。他甚至每个周日晚都要跑到日本大使最著名的高僧伊藤道海那儿去学习坐禅。

一次次的批评和坐禅使得整个年轻人开始像一条成长的蚕，不断地蜕变着自己，随着时光的流逝，到了1939年，他的销售业绩荣膺全日本第一，从1948年起，连续15年保持全日本第一的好成绩。

这个人就是被日本国民誉为“练出百万美金笑容的小个子”，被美国著名作家奥格·曼狄诺称之为“世界上最伟大的推销员”的推销大师原一平。

工作中业务员会遇到各式各样的客户，要让自己变得博学，才能跟客户更容易沟通语言。

曾经有人做过比方：人生就像乘公共汽车。公共汽车有起点，有终点。人生也一样。我们可以记得起点，但不知道哪一天会突然是终点，甚至我们连后面的事情还没安排好，也没法预知沿途的风景，就已经到了终点。

有的人行程长，有的人行程短。

有的人很从容，可以选个靠窗的座位，可以从容不迫地欣赏沿途的景色。

有的人匆匆忙忙上了车，满座，无座，只能随便落脚一站，总处于推搡和拥挤之中，车乘得很窘迫。

获得舒适与优雅，座位是必不可少的机会，因此总被人们争抢。

有的人很幸运，刚好上车就能落座。

有的人很倒霉，即使全车的人都坐下了，还得站着，有时候别的地方不断有人下车，就他周围都是不下车的。

当你发现别的地方的人总是上上下下，你下定决心走到别的地方时，回头发现你刚刚离开的地方有人下车了，你新选的地方却没人下车。生活就是这样，有时候会让你崩溃。

为了坐上座位，有人装孕妇，有人装瞎子，为了能有个座位，经常有人昧着良心抢座。

有的人，好不容易抢到座位，遇到刚才那些昧着良心的人，又不得不站起来让座位，因为人还得顾忌别人的看法，尽管有些人对此无所谓。

有的人好不容易有了一个座位，可是已经快要到站了。

下车的时候，他回顾车厢，也许为区区一个座位而感慨，忙碌了一生，碌碌无为，自以为会大彻大悟。

其实让他重新来过，他依然会去抢座位，因为有时候你不坐下，连站的位置可能都没有了。

除非你永远不上车，或是你有足够的资本选择一条不一样的生活，比如打车，甚至专车，可以定制你自己期望的路线。

而大多数人没有这样的机会，只能靠自己拼搏。

用宗教的思想来说，人生就是一场修行，我们需要修炼我们的心灵！

心灵是我们身上最软的地方，但是一直以来，我们身体的力量，都来自于心灵的鼓励，人和人之间身体的力量区别很小，可是心灵的力量很大，往往身体的力量和心灵成反比，你的身体力量越是弱小，你越是要有一颗强大的心脏，因为你没法跟人比身体，你只能比心灵。所以生活中，我们经常发现，一个软弱的女子，遇到家庭变故，遇到天灾人祸，重担一身挑的时候，会爆发出男人都难以承受的力量。

有时候你会见到这样一个人，他身上散发出一种让人信赖的感觉，和他说话的时候让你折服，他从来不把自己的观念强加于你，可是每次你都是心服口服地接受他的意见。你被折服不是因为他很成功，有些人也很成功，老板也做得很大，可是胸怀有问题，人品有问题；也有的人，看起来不是很成功，他没多显赫的地位，也没有太高的学识，但是让你心怀敬意。也许用“人格魅力”来解释心灵的力量更容易些。所以成功的老板往往不是因为他有多少丰功伟绩，而是他有足够的心胸包容、呵护为他打理公司或工厂的人才。

就如刘备，文不如诸葛亮，武不如关羽、张飞、赵子龙，但是他有一颗高傲的皇室之心，又有三顾茅庐的胸怀，用人不疑，疑人不用，跟兄弟一起闯天下，自己不贪图享受，这样的人就能搞好一个企业。

我们需要胸怀，我们需要包容，欣赏别人的优点固然重要，包容别人的缺点才需要宽广的胸怀。生活中很多这样的老板，事业不是做得很大，但是“将士”愿意追随他。也有这样的公司，待遇不差，效益不差，但就是留不住人。作为企业的管理者一定要反思自己的行为，事业的伙伴不是被你用来折磨的。

作为一个优秀的营销专家，需要这样的胸怀，赚钱不是最重要的目的，赚取信用，赚取人品才是毕生的目标。

心态决定成败，胸怀决定规模。心态的调整不是一件很容易的事情，狮子不和落魄的狗斗，不是怕，而是胜之不武。胸怀是委屈“撑”大的，哪能生活中处处如意，事事顺心？

我们要改变心态，就要提高心灵的力量，让自己的心灵越来越强大，不为天气改变去改变心情，要大度、宽容、豁达、智慧、大智若愚，当你心灵足够强大时，别人跟你在一起，如沐春风，女生喜欢你，客户信赖你。

如果具有这样的心胸，一般就具有了独特的人格魅力。人格魅力不会因为你的身高、长相、财富而所变化，每个人都可以拥有富有魅力的人品，只要你足够注意修身养性。

生活中，有些人，你跟他一起相处，你会感觉他咄咄逼人，让你很不舒服，他可能来自于一个大公司，也可能来自于一个官宦世家，这种人可能教育程度很高，衣服穿着也很光鲜，但彼此相处，总是让你很难愉快，你或许不了解其中的原因所在，但就是无法跟他长期相处，当你跟他分开的时候，心情反而愉悦起来。

生活中，有一些这样的婚姻，因为某些原因，女人选择了一个让她衣食无忧的老公，可是这样的婚姻又让人窒息，逃离这样的婚姻，会让她有一种释放的感觉。

相反，跟另一类人相处的时候，心情真是那么愉悦，也许你搞不清其中的缘由，他在教育程度上也许不如他人，也没有太多的财产，但是和他在一起有一种安全的感觉，你不必担心他背着你做什么伤害你的事情，和他一起工作、生活，心情大好、身心愉悦，到底是什么原因呢？那就是心灵的力量。

一个好的业务员，要想保持心灵的力量，一定要让自己的行为端正，你只有站得正，才能做得公，一定要培养自己优良的品质。

1. 要诚信

在业务人员优良品质中，最受客户欢迎的是诚信。一个讲诚信的人最容易得到别人的尊重。最伟大的推销家乔·杰拉德也认为一定要对客户诚信。当然诚信不是无保留地跟客户把大实话全部讲出来。

我对如何诚信的理解是，你可以选择讲和不讲，你要讲，就讲真话；当然吓唬客户的话要注意，你可以选择保留。有些话你可以换一种口吻或保留部分数据。看美国电影，抓住罪犯的时候，警察一般都要说："你可以保持沉默，你所说的一切将成为呈堂证供。"做营销也是这样，你可以保持沉默，但你所说的一切都可能会伤害客户，都可能导致你的生意失败。

讲诚信是一件持之以恒的事情，你一次讲诚信、两次讲诚信很容易，你一辈子讲诚信，从骨子里坚持诚信就很难了。我有一个朋友，人很真诚，也很热情，跟他在一起，经常感觉不到太多的诚信，那是为什么呢？诚信不仅仅是你对客户说真话，更多的是传递给客户的感觉，更多的是沟通的方式和真诚的态度。

2. 塑造良好的人格

人格是人的品格，人格如金，纯度越高，品位越高。做人一辈子，人品是基础。我追求生意的成功，但是一定不能以牺牲人格为代价，我们宁可牺牲生意，也不牺牲人格，绝不能用人格交换生意，当然也不能用身体交换生意。我们有的业务员，为了目的不择手段，甚至牺牲自己的色相，这一点，我们坚决不赞同。

我们要有正确的人生观和价值观，我们要有理想和信念，我们保持我们的性格和气质都朝着健康的方向发展。有良好人格的人，应该襟怀坦荡，光明磊落，言行一致，表里如一，思想和行为相协调、相一致，不为私欲背弃信念和良心，不口是心非，对外界刺激反应适度、协调和拍，不偏颇，能被自己、他人、集体和社会所认同。

3. 保持积极的心态

积极的心态打造超凡业绩。真正能够使你的业绩一路飘红的，不是你有多少销售技巧，而是最好的心态，特别是在遇到困难的时候，积极的心态才能保证你不被困难所打到。只有调整好了自已的心态，始终用积极的心态去面对销售，才能成为王牌销售员。

要经常告诉自己，成功就在下一次，即使客户拒绝多次，也要面带微笑地再试一次。那些成功的销售人员并不是比别人更有运气，只是比别人更具有坚持下去的韧性和勇气，请记住，那些成功的人都是失败后立刻爬起来再尝试，直到自己获得成功为止的。拥有积极心态的销售员是不怕拒绝，不怕失败的。

一个推销员是否成功，就在于他的心态如何。把注意力集中到你想要的销售业绩上，不让其他不利因素阻碍你，你就能获得自己想要的结果。

一定要有明确的目标，拥有明确目标的推销员，不会担心客户的拒绝，做事一定会全力以赴。一个不想做大事的推销员一般都创造不出良好的业绩，业绩的好坏，取决于一个销售员是否拥有强烈的成功的决心。

积极主动的为客户着想，当一个推销员站在客户的立场上，就比较容易抓住推销的重点。能够把冰箱卖给爱斯基摩人的推销员不是一个好的推销员，不让顾客花没必要的钱，处处为客户着想，不是只想着订单，而是想着顾客的需要，这样才能与客户保持长久的关系，才能提高你的销售业绩。

对工作要保持饱满的热情。热情在成功的推销中所起的作用占90%而产品知识只占10%。热情是一种积极的心态，能够鼓舞和激励一个人朝着美好的目标前进，对工作持消极态度的人会到处碰壁。热情的心态是做任何事的必要条件，热情不但是一种心态，更是一种推销方法。

自信是销售员赢得成功的保证。每一个从事销售工作的人都要培养出阿基米德“给我一个支点，我将撬动地球”的那种无比的自信，才能创造出卓越的业绩。

自信是推销是成功的第一秘决，不是因为有些事情难以做到，而是你没有信心，只要你有信心，没有什么事是不能做到的。如果我们自信能做到，尝试并坚持做下去，就一定能做到，而且一定会做好。

不但要对自己充满自信，对自己的公司也要充满信心，对自己的产品更要充满信心，如果你是一个做食品销售的，自己的食品都不吃，你能把你的食品卖给别人吗？如果你是一个卖保险的，你自己都不买公司的产品能行吗？如果你是大众汽车的营销经理，你每天开辆“本田”上班合适吗？销售员在销售过程中，无论是对公司，对产品，还是对自己，一定要充满自信，你永远不可能销售好连你自己都不相信的产品和服务，只有对自己服务的企业充满自信，对产品充满自信，才能说服别人相信自己的产品。

4. 养成良好的道德

道德可以弥补智慧上的缺陷，但智慧永远不能弥补道德上的缺陷，品行是一个人的内涵，名誉是一个人的外貌，做人德为先，待人诚为先，做事勤为先。

吃亏是福，喜欢占小便宜的人经常吃大亏，那些不想付出辛劳，而想快速发财的人，十有八九会吃大亏，要么被别人骗，要么会走向犯罪，因为他总想不劳而获。天下没有白吃的午餐，最大的成本就是免费，你白吃了别人的，白拿了别人的，终有一天，你会加倍地奉还。

我们可以无能，但是我们不能无德，没有道德，你半步都迈不出，即使你能迈出，也可能是罪恶的一步。

什么是道德的，什么是不道德的，心里一定要是非分明。不道德的一定不能去碰，尽管有时候，眼前的机会那么难得，伸伸手，所有的都有了，一伸手，可能一辈子都不要辛劳了，但是这一伸手，就可能会让你的手再也收不回来了，后果不堪设想。

5. 做事公正

公道、正派是一个人的人格、情操，是一种思想境界，个人自重，不贪财，不贪色，不贪利，对人尊重。正直和诚信是一个人的安身立命之本。

如果一个人在大是大非面前，看不清方向，辨不清道理，面对诱惑，忘记了根本，贪一时之利。就像跑马拉松，要是没裁判监督，你想少跑几步，走走捷径，就算侥幸拿到冠军，这样的"收获"你能心安理得吗？

马拉松的精神就是奥林匹克的精神，公平、公正，更高、更快、更强，要是没有公正而言，你高有何用？

6. 尊重他人

体育的精神是尊重对手。欣赏别人是一种境界，善待别人是一种胸怀，关心别人是一种品德，理解别人是一种涵养，学习别人是一种智慧，借鉴别人是一种收获。

做生意也是一样，为什么我一直不赞成去说竞争对手的坏话？大家既然出来玩，一定要遵守游戏规则，在战场上尊重敌人，在市场上尊重竞争对手，你才能赢得别人真正的尊重。

我们在客户面前，有时候，我们需要表扬对手，以彰显我们的公道。存在就有道理，为什么你的竞争对手也能在市场里生存？他一定有他活动的空间。

尊重对手，才能让对手敬重你，相反，你是一个低级的人，只会说别人的坏话，你就不值得别人的敬重，别人当然就不会怕你，也不会给你留面子，反而也会把你说得一钱不值。

五 执着，永不放弃

曾经有个雇主要招聘一位年轻人，他对应聘的30个小伙子说："这里有一个标记，那儿有一个球，你们要用球来击中这个标记，每个人有7次机会，谁击中的次数最多，我就雇谁。"

结果这些年轻人都没能击中目标。雇主说："你们明天再来，看看你们谁做得更好。"

第二天只来了一个小伙子，并且他每次都能够击中目标。

"你怎么做到的呢？"雇主惊讶地问。

"我非常渴望得到这份工作来为母亲减轻压力，所以，我昨天在家里练习了一个晚上，我告诉自己，无论如何，我一定要成功，结果我做到了。"

决定我们命运的是决心，而不是环境。有"一定要"的决心，我们一定能够找到方法。改变人生的力量源自于决心，人生的转机注定于我们作出决定的那一刻。只有决心"一定要成功"，潜能才能被激发。我们到底是"想成功"还是"一定要成功"，"一定要成功"就立即采取行动。

马拉松长跑是一项比赛时可能会使你窒息的项目，有时候，你会感觉像在大海里游泳，前面迷雾漫漫，不知道什么时候是终点，不知道还有多久你才可以上岸。就像做销售工作一般，有的业务员遇到困难的时候，容易退缩不前；有的业务员容易被困难吓倒，随随便便放弃了，尽管客户已经准备下单了，可惜他没坚持到最后。

生活中这样的人很多，马云曾经讲过："今天残酷，明天很残酷，后天很美好！"其实大家都知道这个道理，可是很多人还是倒在明天的晚上，他们也坚持了，差一口气没能上岸。

在金融危机的时候，很多的工厂倒闭，很多的工人下岗，市场需求十分低迷，一位业务员，找到我求职，请求我给他一次机会，他在他之前的单位，很久拿不到像样的奖金了，家里有房贷、车贷；女儿要上幼儿园，一笔价格不菲的赞助费压得他喘不过起来，他很坦诚地告诉我，要是我不能给他机会，他可能连死的心都有了。

于是我问他，当他拜访客户的时候，是不是经常谈论当下的时局？他看着我，叹了口气，说："是的，当客户问我对经济形势的判断时，我不能说谎，我明明不能拉来生意，还怎像客户吹嘘形势大好？"

我收下了这个业务员，因为他为生存而工作，他一定会尽心尽力。不过我也告诉他，即使不说谎，也可以有更好的应对方法，与其跟客户抱怨时下经济的不景气，不如告诉客户越不景气越要努力工作，努力让客户更满意、更放心。他开始变得更忙，他知道他不勤奋，先倒下的肯定是他。

从此，该业务员更加珍惜得来的机会，孜孜不倦，把每个客户都当做热恋的女孩子去爱护，后来他获得了成功。他告诉我，他拜访的每一家客户，都喜欢埋头苦干的业务员，而不是满天抱怨的业务员，因为客户没有义务帮你排解你的不平，就算帮你，也只是暂时的。对他而言，他已经看到了后天的太阳，别人可能还挣扎在没有阳光的晚上。

在没有方向的时候，选择比坚持重要；当有所选择的时候，坚持比选择更重要。

新编寓言小故事

春天来的时候，猴子把树下的一块地开垦出来，他想种点什么种子，当冬天来的时候，可以收点果实，好熬过漫长寒冷的冬天。

前两天他听人建议，种几颗桃树，在夏天来的时候，就可以结上桃子，猴子心想：桃子我最喜欢吃。于是猴子满心高兴地买了几颗桃树苗栽了下去，天天给他浇水，希望桃树赶紧长大、结果。

猴子盼呀盼，可是一个月过去了，桃树一尺高都没长到，他就去请教母鸡，母鸡说："你笨呀，桃树要长三年才能结桃子，结了桃子你还不一定吃到，可能被淘气的小鸟偷光了也不一定。"

猴子一想，有道理，桃树长得太慢，就算长出桃子，吃不到嘴里也是枉然。他又请教母鸡，那什么东西可以长得快点呀？

母鸡想了想，说："你还是种水稻吧，秋天来的时候，你就可以收割了。"于是猴子欢欣鼓舞地买了一些水稻的种子，以很快的速度种下去，每天给地里浇水，因为母鸡提醒过他，水稻喜欢长在有水的田里，猴子孜孜不倦地管理着田里的水稻，水稻也长得挺好的。

有一天，山羊经过他的门口，发现猴子提着大包小包准备去田里浇水、施肥，山羊把猴子奚落了一番。山羊告诉他："如果种上西瓜，不要浇水，又不要施肥，在夏天到来的时候，你就可以吃上又大又甜的西瓜了，西瓜比米饭好吃多了。"猴子看着长着长长胡子的山羊爷爷，一想，山羊年长了，他的见识一定很广，他一定不会骗我的。

于是，猴子铲除了开始分叉的水稻苗，平整好了田，买了几颗西瓜的种子，种了下去。西瓜很快长出苗来了，西瓜的长势真是让人高兴，有一天去看的时候，西瓜藤都长长好多了。猴子兴奋极了，谁料夏天的一场冰雹，把西瓜苗打得七零八落，剩下来的藤就几根了，猴子愁眉苦脸，不知道怎么办才好。

这时候，大象来串门，知道了猴子的情况，大象跟猴子建议："你的西瓜眼看没希望了，种些豆子吧，要是来得及，可能夏天就能收获很多的豆子。"

于是猴子铲除了门口的西瓜藤，种上了豆子。

有一天晚上，淘气的野猪，逃离了家门，饿坏了，把猴子的豆苗全吃了。第二天猴子看到被破坏的田里光秃秃的，不禁感慨："我还是休息休息吧，就算冬天挨饿，我也不至于做那么多无用的事情吧。"

于是猴子开开心心地去找熊大熊二玩去了。

当然最后猴子什么都没干成，我们从猴子身上应该得到什么教训？

其实人生有一万种成功的方法，每一种可能都有风险，每一种都有可能成功，关键是你去不去做？能不能选准目标、持之以恒？能不能用心去维护？

跑马拉松也是一样，你选择了去挑战，你就去做，宁可倒下，绝不找个理由让自己退下。

生意也是一样，你想去做，你就去做，你就坚持做，成功是必然的事情，就算这次不成功，你就当为下次生意练练手。

贵在坚持，不达目的，誓不罢休的精神会指引你成功！

第八章

建立自己的啦啦队

每个人都有几个亲友知己，每一项工作的完成都离不开团队的帮助，即使是相亲栏目，每位男嘉宾都会有自己的亲友团，为自己加油鼓劲。

马拉松的路途依然遥远，自己的体力也快到了极限，要不是啦啦队一直在鼓励，一直在为自己加油，可能自己早就放弃了，每次听到啦啦队的呐喊助威，每次都会重新鼓起勇气，向下一目标迈进。

工作是一样，比赛是这样，生意也是一样。人生每一次成功，都离不开啦啦队的加油助威声。我们从小到大一直离不开父母的鼓励，从我们呀呀学语，到口齿伶俐。尤其是我们蹒跚学步时，我们不会走路，甚至连爬都不会，父母就鼓励我们向前，我们向前挪动一点点，父母都会为我们的进步欣喜若狂。当我们迈开第一步的时候，父母会流下幸福的泪水，真心地为孩子每一点进步而欢欣鼓舞。

小 故 事

只有你能欣赏我

第一次参加家长会，幼儿园老师告诉我："你儿子有多动症，在板凳上连3分钟都坐不住，你最好带他到医院看一看。”回家的路上，儿子问我：“妈妈，妈妈，今天老师跟你说了什么了？”我鼻子一酸，差点泪水流下来，因为全班30个小朋友，只有儿子表现最差，唯有对儿子，老师会表现出不屑一顾。我强忍着泪水，还是假装高兴地告诉儿子：“儿子，老师今天表扬你了，说宝宝原来在板凳上坐不到1分钟，现在都可以坐到3分钟了！其他的妈妈都非常羡慕我，因为全班只有你进步最大！”那天晚上，儿子破天荒吃了两碗饭，并且没让我喂。

儿子上小学，家长会上，老师说：“全班50名同学，这次数学考试，他考了40多名，我们怀疑他天赋上可能有些问题，你最好能抽空带他去医院检查检查。”走出教室，我流下了泪，回到家，我对坐在桌子前面的儿子说：“老师对你充满信心，他告诉妈妈说，你并不是很笨的小孩子，只要你能细心些，会超过你的同桌，这次你的同桌考了20名。”说这话时，儿子暗淡的眼神一下子充满了光亮，沮丧的脸一下子舒展开来。从此以后，我发现，儿子变得温顺积极起来，好像长大了许多，每天上学去的都比别人早。

儿子上初中了，又一次家长会，我坐在儿子的座位上，等着老师点儿子的名字，因为每次家长会，儿子的名字都会出现在需要家长重点关注的孩子里，不然高中都无法考取。然而这次出乎意料，直到家长会结束，老师都没有点到儿子的名字，我有些不习惯，特地去问了一下老师，老师告诉我：“按你儿子现在的成绩，考高中有点危险。”听了这话，我心里有些少许的高兴，本来初一的时候，老师认为我儿子肯定考不上高中，职高也危险。走出校门，我发现儿子在门口等我，走在路上，我扶着儿子的肩膀，有些欣喜，也有些担忧，考不上高中，注定将来只能做个工人。回了家，我还是告诉儿子："班主任对你最近的表现很满意，他说了，只要你努力，你肯定能考上重点高中！"

高中毕业了，第一批大学录取通知书下达的时候，学校打电话让儿子去一趟，我有一种预感，儿子要被第一批大学录取了，因为在报考的时候，我对儿子说过，相信他能考上重点大学。儿子从学校回来，把一封印有清华大学招生办公室的特快专递交到我的手上，突然儿子转身跑到自己的房间大哭起来，儿子边走边说："妈妈，我知道我不是一个聪明的孩子，谢谢你这么多年一只在我后面给我鼓励，给我加油，我有好多次都差点放弃，可是你还是孜孜不倦地给我加油，做我的啦啦队，这个世界上，只有你能欣赏我，只有你觉得我行！"

在这个世界上，父母永远都是孩子的啦啦队，无论孩子在外面混得如何，父母都用坚强的臂膀，给孩子遮风挡雨，给我们加油，给我们鼓励！

当我们长大了，离开父母后，我们还是永远离不开父母的支持，可能父母再没法搀扶我们一把，我们靠我们的朋友、我们的同事、我们的领导，甚至我们的客户，给我们帮助，给我们信心，给我们支持，无论我们成功与否，我们都有啦啦队与我们同行。

马拉松是一次艰难的历程，我们需要有啦啦队在身边陪伴，在我们失意的时候，给我们鼓励，当我们得意的时候，提醒我们保持清醒的头脑。只有这样，我们才能不懈地追求目标，不断地收获成功！

我们怎样选择和建立我们自己的啦啦队？

一 选择合适的行业、合适的老板

生活中，我们经常纠结，是找一个好的老板给他打工好，还是自己创业好？

有机会听过一位成功学大师陈安之老师的课程，我非常欣赏陈老师讲的一个非常经典的理念，他说："成功最快速的方法就是帮成功者工作，在获得成功以后，再与成功者进行合作，最后让成功的人来为自己工作。"

我们不要一开始就想着当老板，想要快速地走向成功，我们首先要学会去为成功者工作，这方面我深有体会。

俗话说，男怕入错行，女怕嫁错郎。我庆幸当初放弃了国营企业的铁饭碗进入一家跨国公司从事销售管理工作，到现在我身上很多的优点和气质，都是那时候积累的，如果说我今天还稍微算有些成就，都是与当初选择的行业有关系。

2002年我从外资快消品牌进入电信一行，后来再进入医疗器械一行，我感觉选择的行业都是出于上升阶段。当然行业不能决定一个人的成就水平，不过借用一句资本市场的俗话："台风来了，猪都能上天。"所以选择一个有快速发展前景的行业，给自己充分的压力和动力，让自己必须要努力，才能跟上行业的发展。

我们有很多立志于把营销作为自己终身职业的朋友，初期选择一个合适的品牌是一件很重要的事情。有的人在选择品牌之前，会有一种慌不择路的感觉，随随便便找一家公司，不论产品怎么样，品牌怎么样，把营销工作仅仅作为一项谋生的手段，而不是作为一项事业去经营，这样肯定不能做好。如果你能选择一家好的公司、好的品牌，且公司有完善的培训计划，有丰富的品牌推广经验的导师，而这样的经验和培训，往往是对初入门的业务人员尤为重要。

你永远要记得，一流的公司有一流的人才，二流的公司有二流的人才，你想要成为一流的人才，那就去一流的公司，向一流的人才学习！

但是现实生活中，很多的业务员为了眼前的一点蝇头小利，往往放弃了自己的成长空间，可能多个几百块工资，就选择那些相对稳定，没有太多挑战的工作。可是，真正能实现营销人员价值的就是那些有挑战的工作，所以，我个人认为，既然做了营销工作，就要接受高薪的挑战，当然高薪不会主动跑到你口袋里来，你必须付出超人的努力。

所以，我们不要害怕帮别人工作，但是我们一定要选择给成功的人工作，因为只有成功的人才能教会我们成功的方法，才能给我们成功的环境。

陈安之老师 27 岁的时候，成了亿万富翁，可是，在这之前的几年里，他几乎身无分文，甚至上安东尼老师的课程，他都是借钱参加的，为什么后来他成功了？因为，他选择了为最成功的人工作，他在最容易成功的环境里学会了最成功的方法。

成功者会不会轻易地就选择让我们为他工作呢？当然不会，这就需要我们有“一定要”的决心。

二 与成功者合作，建立自己的团队

“一个人只是单翼天使，两个人抱在一起才能展翅高飞。”这句话出自微软 CEO 史蒂夫·鲍尔默之口。任何在事业上想获得成功的人，都要借助团队的力量，没有完美的个人，只有完美的团队。一只手指打出去没什么力量，五个手指握成拳头，打出去才有力量。我想大家都明白这个道理，做营销也是一样，一定要培养自己的“军团”，一定要选择合适的团队，相互协助，相互支持，才能让你的生意越做越大，越做越好。

在这个世界上，没有一无是处的人，任何人身上，一定会有你所不具备的东西。我们交朋友的目的，就是让自己进步。如果你自己某方面有缺陷，而另外一个人在这方面表现得很优秀，你就应该去主动和他成为朋友。通过向优秀的人学习，而弥补了自己的缺陷，给自己打破了各种无形的界限，让自己的能力进一步拓展。可以想象，如果两个人在一个公司的各自的领域，老死不相往来，那么两个人的能力，永远也得不到交融，两个人的能力永远只是两个人的能力之和。而如果这两个人成了朋友，并彼此交流和互相吸收对方的能力，甚至切磋出更大的能力，那么这两个人的能力就变成了两个人的能力之积，甚至将呈几何倍数增加！

团队里面，有口才好的，有服务很有耐心的，有技术很全面的，有会开车的，等等，大家组建成一个团队。相互学习，取长补短。团结就是力量！

比方说一支足球队，如果大家都是前锋如何？可能进攻进了对方球门很多球，可是由于没人防守，被人家进了更多的球。如果都是后卫怎么样？我说我们争取不失误，但你也进不了别人的球，尽管全是后卫，可是你还是不能保证不失误。

所以一个好的团队里面，大家一定要相互补充，相互提高，各自发挥所长，弥补各自的短处，过去说一个团队的高度由短板决定的，可是我认为，一个团队的高度是由长板决定的，因为有了长板，大家相互学习的目标高了，长进大了，各自弥补缺陷的速度也快了，持之以恒，是不是团队强度自然大了。

除了工作上的伙伴以外，我们还要结交更多的朋友。你所结交的朋友决定着你的命运，跟亿万富翁在一起，你会变得很富有。跟一帮酒肉朋友在一起，你的酒量会蹭蹭往上走。对于一个渴望成功的人来说，选择什么样的朋友决定了他走什么样的道路。如果有一个卓越的朋友圈，凭着它，可以轻松撬起不简单的人生，让自己的生命绽放美丽的光彩。

我们选择合适的品牌，先为成功的老板打工，跟成功者合作，最后找成功者来帮你工作，一定要不断扩大自己的社交圈。人之所以会成功，是因为他有朋友帮助，人之所以会成长，是因为他吸收了别人成功的经验。现在微信传播很方便，翻开你微信的朋友圈，你能知道你的朋友遍天下。

那么，立即行动起来，一些能让你学到东西能结交朋友的场合能去都一定要去，因为参与是成功的钥匙，做营销工作尤其是，一定要让自己广交朋友。人际关系是事业成功的基础，你所经营的事业就是人际关系的事业，所以，你有什么样的朋友，将会直接决定你有什么样的事业。那么，现在开始，花一些时间来研究你行业中的顶尖人士吧！

西方话："辗转 5 次见总统。"

这句话很有道理，你没机会认识一个总统，但是你可以认识一个议员吗？就算你不能认识议员，但是你可以认识他的司机吗？如果说认识议员不容易，认识他的司机就容易多了，是不是可以通过这样的方式有机会去认识总统？

谈恋爱的时候，我们心仪一个姑娘，如果直接去约她很冒昧，万一自己冒失了，别人拒绝了，下次就不好再约了，如果我们辗转一下，先认识她的闺蜜呢？那就容易多了，先认识她的闺蜜，就算失败，也不可怕，再说她的闺蜜也不止一个，送点小礼物，请她吃吃饭，等相熟了，自然可以试探地去问她，能不能帮忙介绍某某姑娘认识一下？

水到渠成的时候，闺蜜自然介绍你心仪的姑娘给你认识，等跟心仪的姑娘熟悉了，是不是可以进一步发展关系？人际关系就是这样，往往我们有些男生，就不知道利用这样的方法，而是冒失地去找女孩子，直接要号码，直接约人家逛街吃饭，十有八九会把女生吓怕。

做生意也是，身边总可以找到认识客户的人，如果能经别人介绍你认识你的客户，是不是就很容易结识客户，跟客户做成生意？就算不能找到直接认识客户的人，是不是可以认识其他的经销商？而且不要怕失败。通过这样的方式，我们总能找到跟客户相识的机会，有了相识的机会，再进一步相互了解，生意自然成功！

所以生活中，拥有强大的人脉圈子，往往能给你带来很多的便利和帮助。曾经有人说过："人脉决定钱脉！"这句话很有道理。当然人脉不是你说有就有，但是为人真诚、乐于助人、喜欢参加社交活动的人，乐观向上的人，总能拥有比别人强大的人脉圈子，相反，做人处事，工于心计，生怕吃亏，只为自己考虑，从来不考虑他人感受，这样的人，你还是做一个孤家寡人吧！

你认识一些人，而这些人又会有他们认识的另外一些人，这另外一些人又有与你不同的人际关系……这种连锁反应一直会延续无止境。可以相信，总有一个人会认识总统。每个人的关系网都比自己现实中得到的要广大得多。你之所以不满意你现在的状况，就是因为你没有挖掘自己的人际潜力。实际上你所拥有的人际网络，可以延伸到与你经常联系的人之外，包括你与之共同工作或曾经一起工作的人，以前的同学、校友、老乡、朋友，还有你遇到过的小孩的父母及亲戚，你参加会议时所遇到的人，甚至是和你走在一条路上的行人。这些人都是你的"网络成员"或者是"潜在的网络成员"。看看吧，你的关系网络有多么丰富，怎么会感叹自己认识的人少呢？也许你会说，这又怎么能为自己所用？

是的，必须要为自己所用才有价值，否则没有任何意义。

朋友相助，麻雀也能变凤凰。有句话说：你想成为什么样的人，就和什么样的人在一起。想成为健康的人，那你就和喜欢运动的人在一起；你喜欢年轻美貌的女生，你就跟时尚的人在一起；你喜欢学习，那你就会经常泡泡图书馆，或许还能结识一群来自各行各业的读书人。如果你喜欢结交商务人士，那你得思考：他们一般都在干什么呢？现在的商务人士，很少看到他们去大吃大喝、游山玩水了，他们一般喜欢去咖啡吧，一杯咖啡一本书，他们喜欢去听演讲报告，他们喜欢音乐，喜欢读书，喜欢登山徒步，那你就多参加这样的活动，跟喜欢读书的人一起读书，他们一定会给你很多的惊喜；跟喜欢运动的人运动，他们一定会给你带来活力，因为他会告诉你保养身体的知识；想成为快乐的人，就和快乐的人在一起，因为他会告诉你如何拥有积极的心态；跟喜欢公益的人在一起，他们一定会给你带来善心和福报。"物以类聚，人以群分。"现在为什么某些小区的房价那么高，为什么大家还趋之若鹜？因为那里或许住着儒雅之人，那里或许成功人士云集，那里或许是你理想中高尚的优秀的人扎堆的地方，跟这些人住在一起，无形中会受环境影响，即使东施笑颦、附庸风雅，日子久了某些好的做法便成习惯，便成品质。良好的环境，不仅可以成长自己，而且可以影响后代。

同样，如果跟"高含金量"的朋友在一起，久而久之你自身的含金量也就提高了，也许就能从一只不起眼的小麻雀变成令人瞩目的金凤凰。

案　例

比尔·盖茨为什么会获得成功？因为合作，而且是与成功者合作！他就是一个善于合作的天才。

比尔·盖茨在合作方面的天才不仅局限于独辟蹊径跟对手合作，还在于及早与成功者合作，搭乘成功者的顺风车，借助成功者为自己扬名。在促使微软公司从一个幼小的软件作坊成长为举世闻名的微软帝国的过程中，盖茨的这个策略一次又一次地起到了至关重要的作用。

1980 年，比尔·盖茨只有 24 岁，他要与世界上最强大的计算机公司 IBM 进行他生命中最重要的一次谈判。IBM 对于与微软合作共同开发个人电脑十分感兴趣。两者的悬殊如此之大，一旦谈判成功，比尔·盖茨将立刻拥有一个从未拥有过的巨大的市场。毫无疑问，IBM 以“蓝色巨人”而著称，当时 IBM 的收益已达 300 亿美元。而微软当时只是个员工不足 40 人、销售额只有 700 万美元的小公司。

在个人计算机行业发展的初期，需求时常会大于供给，IBM 公司就像一个文雅的蓝色巨人，有整版的广告迎接它的到来，“欢迎 IBM!”因为家喻户晓，确立了微型计算机在行业内的合法地位，IBM 几乎已成为电脑的同义词。涌向 IBM 公司的订单铺天盖地，有时甚至出现排队的现象，这正应了一句俗话：上涨的潮水可以浮起所有的船。谁能搭上这艘船，其成功自然指日可待。对微软来说，在创业初期赢得与 IBM 的合作对自己的生存是至关重要的。

与成功者的合作让比尔·盖茨在创业的道路上少走了许多弯路，此后，比尔·盖茨还先后跟苹果电脑、英特尔公司等大厂商合作。与苹果电脑的合作让微软拥有了图形化界面的操作系统 WINDOWS；而与英特尔公司的合作则建立起了号称美元印刷机的黄金联盟 WINTEL 联盟，从硬件和软件上共同实现了垄断。通过与这些成功者的嫁接，比尔·盖茨飞速地实现了自己的财富梦想。所以，与成功者合作，是成功的第一大捷径。

在印度流传一个故事，有一次，国王问大臣："为什么世界上只有成群的羊，而没有成群的狗呢？"聪明的大臣没有正面回答国王，而是做了个实验，快到傍晚的时候，大臣陪着国王来到两间屋子前，命人将100只羊放进一间屋子，并在屋子里放上几捆青草，又命人将100只狗放进另一间屋子，并在屋子里放了许多肉。然后把门锁好，次日凌晨，他请国王观看两间屋子，第一间屋子的羊都安然入睡了，那几捆青草已被吃光，打开第二间屋子，国王惊呆了，里面血腥味扑鼻而来，许多狗奄奄一息，而那些肉却完好无缺地躺在石槽里。国王迫不及待地问大臣为什么？大臣平静地说："羊在利益面前，善于协作，而狗勾心斗角，为了利益互相残杀，这就是世界上为什么有成群的羊，而没有成群的狗吧！"

温柔的羊从哪方面都不如狗强大，可是协作的羊群却能更好地协作分享草。

前面讲过，淘宝如果没有改变，未来会成为中国经济发展的怪胎，那些淘宝商家，为了自己的一己私利，都想把对方消灭掉，自己独吞市场，往往最后的结局会很残酷。反观，西方的电子商务比我们发展早好多年，为什么没有出现类似淘宝的电子商务公司？因为西方发达国家更注重对知识产权的保护，更注重品质的追求，更注重品牌附加值的增长，他们不会为一己之利去打价格战，也不会追求盲目的扩大规模。所以相对发达国家的企业之间的竞争就有序得多，他们一般会竞争品质、品牌和服务，而中国的中小企业，更多的是竞争价格，搞得大家都没有利润，也就没有持续研发的能力，未来也一定会牺牲自己的竞争力，亲手把自己埋葬。

故事一

非洲草原上，一群蚂蚁在忙碌着，他们分工有序，有的负责探路，有的负责修路搭桥，有的负责搬运食物，有的负责传递消息，他们都在忙碌着，突然，有人大喊一声，"着火了"，四周都是枯草，草原炙热的天气，火势在风的作用下，从四周汹涌而来，蚂蚁都吓呆了，不知所措，这时候不知道谁大喊一声，"让我们抱成团冲出去！"，于是所有的蚂蚁抱成一个大蚂蚁团，向火圈外围迅速滚去，外面的蚂蚁不断地烧死掉落，一部分蚂蚁都牺牲了，但是可喜的是，还是有很多的蚂蚁活下来了，在遇到灾难的时候，蚂蚁知道抱成团才能有活路。

当然团结协作就意味着有些人要牺牲，如果没有肯牺牲的精神，别人也不一定愿意跟你合作。

故事二

有个人想知道天堂和地狱的区别，有一天他向上帝祈祷，希望得到上帝的帮助。

上帝告诉他，其实天堂和地狱是一样的，没多大区别，这个人根本不相信，于是上帝就带他去了一个房间，打开门，告诉他，这就是地狱，这个人看到里面有一群人围着一个大锅，锅里面一大锅肉汤，有一根很长的长勺，长勺比手臂长很多，很难用长勺盛到肉汤送到嘴边，每个人看起来都是面黄肌瘦、愁眉苦脸，每个人都是饥肠辘辘，就这样，每个人都眼看一锅肉汤，只能望汤兴叹。

上帝又把他带到另一个房间，打开门，告诉他，这就是天堂，其实这间房子跟地域没有太大区别，也是一锅汤、一群人、一样的长柄汤勺，但是这里的人都是喜气洋洋、红光满面、精神抖擞。

这个人感觉很奇怪，但他细心一想就明白了，在地域，每个人都想到自己，都想把肉汤送到自己嘴里，于是每个人都失败了。在天堂，每个人都想到别人，都想用汤勺盛上肉汤送到别人嘴里，于是每个人都有汤喝。

其实天堂和地狱本来没什么差别，不同的是，在天堂里，大家团结协作，有利益，有荣誉先让给别人，而在地狱里，大家为一己私利，不能合作，大家都过得很不好，今天的淘宝商铺，是不是有些相像？

故事三

有两个旅行者在热带雨林里穿越，吃的、喝的都消耗光了，可是他们还需要穿过一片森林，他们才能赶到公路边寻求帮助，可是不幸的是，他们刚刚掉下一块悬崖，一个人摔伤了腿，一个人摔瞎了眼，他们无论谁都走不出森林，就在他们感到绝望的时候，两个人冷静下来商量一下，于是瞎子背上瘸子，瘸子负责指路，瞎子负责背上瘸子走路，于是他们终于走出了森林。

讲这三个故事是想告诉大家一个道理，团队协作有饭吃，合作才能双赢，天堂和地狱没什么区别，你用阳光照耀别人，别人也一定会照耀着你，团队合作就能弥补个人的缺陷。

做营销也是一样，有的人点子比较多，就让他负责策划；有的人口才好，就让他负责谈判；有的人耐心，可以负责售后，只有团队合作起来，才能形成良好的战斗力。

哈佛有这样一句名言："彼此信任是良好团队合作的开始。"在这个世界上，如果每个人都自私自利，那就没有社会的合作和分工。团队合作尤其是这样，人与人之间的真诚和信任对于团队的力量影响很大。

在NBA球场，篮球是一项最讲究配合的运动，往往很多的球队里面没有大牌的球星，但是成绩比那些有好几个大牌球星的球队都好，每个人都希望通过团队把球送进篮筐，每个人都很无私，都愿意把球交给最有把握的队友，离篮筐最近的队友，这样的队伍运转很良好，没有人自私自利。但是如果每个人都逞能，都逞个人英雄主义，都想通过自己把球送进篮筐，这样的团队一定没有战斗力。

2004年，NBA总决赛，赛前大家都预测，拥有佩顿、马龙、奥尼尔、科比四大巨星的湖人队，一定会兵不血刃拿下没有大牌巨星的活塞队，可是让很多专家大跌眼镜的是，没有大牌巨星的活塞队4∶1战胜了不可一世的湖人队，拿到了总决赛的冠军。

赛后专家对这种现象进行了研究，活塞赢在团队合作上，他们打出了团队协作最好的比赛，每个人都很无私，都想通过团队把球塞进球框里，把球快速传给离篮筐最近的人，而反观湖人队，每个人都是大牌，每个人都想通过自己解决战斗，每个人都喜欢单打独斗，最后失去了冠军。

当然，团队协作，更多的是充分信任，相互发挥各自的能力，共同的信念和对别人无条件的信任，是团队成功的最关键的条件和要求。

小故事

在浩瀚的大西洋上，一艘货轮漂洋过海，按照既定的目标行驶在海面上，在船尾负责勤杂的黑人小孩安迪不小心跌入大海，他大声呼喊救命，可是风浪太大了，船上的人根本听不见声音，最后只能眼睁睁看着货轮越来越远。

安迪没有放弃求生的希望，他在水里拼命地游，挥动着瘦小的双臂，努力把头伸出海面，绝望地看着货轮航行的方向，船越来越远，越来越小，到后来什么都看不见了，只剩下一望无际的大海和孤零零的小黑。

安迪的力气快用完了，实在游不动了，他只要一闭上眼，可能就永远留在大海里了，求生的信念支撑着他，好几次他都想放弃，他突然想起了老船长，“不，老船长一定会知道我掉进了海里，一定会来救我的！我不能放弃”。他重拾信心。

安迪鼓起勇气用生命最后一丝力量向货轮前进的方向划动着瘦弱的双臂……

船长终于发现安迪失踪了，当他断定孩子是掉进海里了，他下令返航，这时候有其他船员建议到：“这么长时间了，这孩子肯定被淹死了，就算不淹死，也会被鲨鱼吃掉了。”

船长犹豫了一下，还是决定回去找，又有一个船员问：“为了一个黑人孩子，值得吗？”

船长大喝一声：“你们给我住嘴，如果是你们掉下去，我也一定会回去救你们的，你们都是我的孩子，我们是一个团队！”

终于在安迪快要沉没下去的最后一刻，货轮回来了，被救起的安迪苏醒后，跪在甲板上感谢船长的救命之恩，船长扶起安迪问：“孩子，你怎么能坚持这么长时间？”

安迪流着泪说：“我知道，您肯定会回来救我的，一定会的！”

“你怎么会知道我一定会回来救你呢？”

“因为我知道你是那样的人！”

听到这里，老船长泪流满面：“孩子，我差点辜负你，不是我救了你，是你救了我，我为那一刻的犹豫赶到了羞耻……”

信任别人是一种快乐，被人信任是一种幸福，信任是团队最好的粘合剂，只有相信别人，才能接受别人的建议，才能接受别人的帮助，只有信任，团队才能配合好。

三 永远支持自己的后援

你现在是在赛场上奔跑的马拉松选手，我们在选择好朋友去跟他相处的时候，千万别忘记，别人可能也是一个其他项目的选手，可能只是选择的项目跟你不同而已，要想别人真诚地帮助你，首先要为别人真诚地鼓掌加油！

往往冲在前面的人很风光，可是每个成功者的背后，一定会有默默支持他的啦啦队，所以你一定要支持你的啦啦队，一定要有感恩之心，你的事业才能持续壮大。

婚姻家庭中，注定着两个人不能完全都按照自己的目标去发展，有时候，另一方可能还要做出巨大的牺牲，做出重大的调整，工作不是家庭的全部，同样，夫妻双方把大部分的时间都贡献给工作也不合适，工作是生活的一部分，我们工作的目的是为了让自己生活得更好，但是一定不能牺牲家庭的幸福。

从小到大，父母一直是我们的啦啦队，等我们工作了，我们有条件了一定要回报我们的父母。

一个优秀的马拉松选手，他后面肯定有一帮支持自己的人，有喜欢我们的粉丝，有营养师，有体能师，有教练和陪练，还有生活助理以及经纪公司，等等，做运动员，无论出名也好，不出名也好，都要发自心底对他们感恩，有机会一定要回报他们。

做一个优秀的业务员同样也是，如果你对产品不感恩，你对公司不感恩，你对生产不感恩，你对技术不感恩，你对市场不感恩，你对客户不感恩，你想你能做好吗？

四 和后援部门保持良好沟通

客户的眼光往往是对的，客户比我们更知道用户喜欢使用什么样的产品，客户在产品的革新中提供了很大的推力，而这样的推力是通过营销要传递给公司的。

所以，客户喜欢什么样的产品，客户最期望什么样的变革，未来客户的需求会往哪个方向发展，客户对预期的要求往往会传递给营销人员，营销人员就要把这些信息及时传递给研发部门和生产部门。

特别是一种新产品刚推向市场的时候，各方面的使用情况一定要通过营销人员及时跟踪和反馈，当然这也需要营销人员对生产的原理和工艺有所了解，对客户使用的感受做全面的收集整理。

在销售初期，对于客户的需求营销人员可能需要技术的支持，对于客户提出的一些工艺数据和专业知识，营销人员不一定很清楚，更需要技术作为后援给予一定的技术支持，营销人员千万不要居功自傲，一定要学会分享，就像乔·杰拉德，他的汽车为什么可以销售最多？跟他一起工作的业务人员肯定也很多，为什么就他最成功？前面讲过，乔·杰拉德为了解决客户的后顾之忧，经常请售后人员吃饭，跟他们交流，请求他们帮助，当乔的客户汽车有故障要处理的时候，技术人员一定在第一时间最认真地把故障排除。一个优秀的业务人员，也要取得技术、研发、生产、财务和物流的最大支持，有功劳学会礼让，有问题，敢担当的业务员才能事业有成！

第九章
充分发挥互联网的作用

相对传统的媒体和营销渠道，互联网拥有强大的优势和作用，空间、时间和产品更新的周期会不断地被缩短，生活的节奏不断地加快，营销人员要很快适用这种变化。

有了互联网，公司可以站在全球的高度，拥有了大量的信息和互联网直通全世界每一个角落的销售渠道，通过建立自己的互联网网站，公司可以列出自己产品的系列、提供的服务、历史和公司经营理念，和其他跟公司发展变革相关的信息，公司可以第一时间进行内容更新，也可以让接受者第一时间得到相关的信息，相比较原来的单一的发单页，做广告，互联网几乎可以容许它们无限制地传播信息。

公司可以收集关于市场、客户、潜在客户和竞争者的信息，更加深入的和更完备的信息，公司还可以利用互联网进行客户调查，来收集市场和客户更倾向于喜欢使用什么类型的产品，公司可以掌握第一手的市场信息。

互联网时代为员工提供更便捷的交流方式，随着手机终端的兴起，业务人员可以随时处理客户的订单，随着手机终端 APP 的出现，手机可以接单，可以处理订单以及售后，手机淘宝、手机微商、手机滴滴打车、手机订阅报纸……

有了互联网，员工可以全天侯寻求公司支援，也可以随时掌控市场进度，并随时知道当地的招标信息和了解市场的需求信息。

通过互联网，可以在线处理客户的订单，需要服务的信息，公司可以随时通知客服人员第一时间赶到客户现场，处理相关的售后问题，提升客户最大的满意度。

有了互联网，公司可以通过互联网的信息，随时掌控终端的库存状况，各单品的销售状况，根据此状况，可以随时改变下达车间的生产计划，以保证各单品合理的库存结构。

公司可以通过手机 APP，给互联网客户传递优惠信息，或消费抵用券，以保证消费者对公司品牌最大的热情和产品关注度。

公司可以在线根据客户的需求，给客户提供个性化的定制服务，由此可以保证公司利益的提升。

公司可以利用互联网，取消中间的代理商，可以保证产品最大的竞争优势。现在电子商务的兴起，现代物流的高速发展，都为此做了相应的保证。

前面讲过，我培训业务员第一周是需要他们对市场进行调研，互联网的兴起，为这项工作带来了最大的便捷。“秀才不出门，便知天下事。”业务人员可以足不出户，就可以通过网络找到自己需要的信息，这在过去，是根本不可以想象的事情。

当然互联网的好处不限于这些，比如，有的业务员，刚进入新的市场，就可以获取到相关专业信息，看看各地有没有相关的需求信息，如果有，他可以直接联系到相关的客户，整个销售过程会大大缩短。由于互联网的兴起，有市场，就有需求，有需求，就有相关的网站提供相关的信息，可以说现在你能想到的，都可以在互联网上找到相应的答案，当然，这些答案良莠不齐，还需要你自己去判断。

一个很好的营销方案，单靠服务提供商还不能完成，例如软件设计行业，供应商有固定的架构和模块，但具体的需求一定会植入需求者的思想，会按照采购商的要求进行二次创作。这就需要设计人员、营销人员、采购商的技术人员、采购商的相关模块的使用单位来共同设计。

这些工作很多可以通过互联网来完成的，当然随着办公软件的发展，越来越多的工作通过网络来实现，过去曾经有人讲过，不会使用互联网的人就是新一代的文盲，这句话摆在当前，是完全的符合现代文明发展的定义。

电子商务给很多的公司推销自己的产品带来了便捷，但也带来了问题。这些问题本身不是电子商务的问题，而是人们获得信息的渠道更通畅，消费者更容易在不同的电子商务平台或是同一电子商务平台，不同的供应商之间寻求差异化，引起消费者最大兴趣的是产品的同质化，而价格是有差异的。为了迎合消费者，利用电子商务平台进行销售的公司，花大力气甚至资源去赢得排名的靠前或是级别更高的店铺，他们用大众传播的方式代替目标营销和业务人员的面对面营销，花太多的精力想满足所有的消费者而不是建立忠诚的客户群，所以使得大家更多地以价格为工具来迎合所有的潜在客户，随着消费者的胃口不断地提升，店铺不断地降低售价，店铺的利润空间的缩小，又使得店铺不断地向上游厂家索取更多的价格空间，使得生产厂家的利润空间不断地降低，生产厂家没法，又把降低的空间转移给原料厂家，导致整个社会的利润空间不断地降低，产品附加值不断地降低。当全社会的生产空间被无限制地压榨，原料的价格不断地贬低，整个社会的购买力会因此陷入低迷，最终会影响全社会的发展，当然也会影响电子商务。

所以电子商务本身是营销的一个工具，某种程度也会制约营销的发展。我们赞成发展电子商务，利用电子商务，一定不能完全依托电子商务，但是我们可以利用电子商务传递我们的产品信息，可以取得市场的信息，可以拉近和目标客户的距离。真正的企业价值、产品价值、市场价值还是抓在营销人员手中。我可以大胆地预测，越来越多的有识之士，会发现国内电子商务的弊端，会重新调整电子商务的游戏规则，比如，利用行业协会的调节作用、同类的商家现成公约、消费者自愿的抵制低附加值的产品等等来影响整个电子商务。

当然相关部门也要发挥作用，比如物价部门，约束不正常的低价。税务部门调整针对电子商务税收的征收办法，设定单件商品的最低税收水平。相关部门共同查处电子商务导致的假货、冒牌货横行的现象。加大查处力度，提高违法成本，电子商务平台供应商也要发挥重要作用，发现假货，无条件关店，而不是为了一己私利，罚罚款就好了。

当前大众最关心的还是 B2C（商对客电子商务模式）。电子商务最大的问题出现在 B2B（企业对企业）网站。更多的企业活动应该是出现在 B2B 网站上开展，B2B 改善了供应商和采购商的关系，公司使用 B2B 网站浏览在线产品目录和其他在线资源来保证得到更好的价格，使得市场更有效。过去采购商为了获取全球供应商的信息要花费很大的力气，随着互联网的诞生，买方有机会了解更多的产品信息，卖方也有了更多的机会了解同类竞争厂家的状况和市场的预期要求。

电子商务的发展削弱了传统的展会的作用。近几年广交会的参观人数不断地下滑验证了这样的推测，也导致了出口价格的不断下滑。现在的国际采购商跟中国人做生意，很有讨价还价一套，一方面是他们学坏了，另一方面是我们把他宠坏了，竞争品牌之间不断地降低价格来迎合采购商，所以对于我们每个拥有民族价值感的营销人员，我们千万不要把价格放在第一竞争力的位置，不然有一天，市场对营销人员的依赖会越来越低，营销人员的价值也会越来越低。

当然今天我们不是讨论互联网的利与弊，我们是要借助互联网的作用为我们所用，我们不能太过依托于互联网，客户就像亲戚，只有经常走动，亲情和友情才不会淡化。我们有的业务员，以为跟客户的关系很铁，跟客户像哥们，但是你跟客户的关系再好，也好不过竞争对手天天去骚扰，所以你不能留给别人一点机会，不然等你失去了客户再想争取回来就很难了。

第十章
写给刚毕业的年轻人

很多刚毕业的年轻人由于求职的原因，没有找到专业对口的工作，于是，勉强自己找个营销的工作。很多人的想法是，先找个销售的工作做做吧，于是有的人做起了保险、楼盘销售、产品销售、咨询类公司等等。甚至是一些外地的学生，为了留在读书的城市，慌不择路地找了个营销类的工作。起初，很彷徨也很忐忑，也没有把营销作为终生选择的职业，只是觉得当下没有或是难以找到合适的工作，先找个销售类工作做做吧。

但是我还是要给这些学生一些建议，做一行爱一行，如果你觉得当前销售的工作，你做得很痛苦，我建议你放下，其实销售是一项很有挑战性的工作，你要从中找到乐趣。当你没有能力改变环境的时候，你要做的就是适应环境。当你还不能做到财务自由的时候，先把自己养活。

没错，你要学会享受工作，享受工作带来的乐趣，人生不会十全十美，工作亦然。如果你的工作遇不到困难，那你的工作就没有挑战，没有挑战的工作，很容易被别人取代，也不可能拿到高薪。所以为了拥有一个美丽的人生，实现自己的价值，千万不要害怕困难，有困难才有价值，如果你的工作谁都可以做，单位为什么不找个老大妈？其实销售是一个相对容易成功和达到目标的工作，所以从现在开始，享受工作，享受工作带来的乐趣，享受工作中的压力和快乐！

很多公司，其实最不愿意使用的就是刚走入职场的大学生，一方面，大学生很有思想，有独特的人生观和价值观，不容易引导和教育；第二方面，大学生好高骛远，总以为自己是大学生，自己的人生要自己做主，不太容易接受别人的意见。现在毕业的大学生都是 90 后，这一代大学生基本上都是独生子女，没有受过太多的挫折，在家娇生惯养，依赖性很强，大学生工作 1～3 年最容易选择跳槽。所以很多的公司都不太愿意选择使用刚毕业的大学生。

所以我建议刚毕业的年轻人，一定要珍惜工作的机会，把工作当做自己的事业来做，你想，要是你自己创业，你要面临很多的困难：(1) 你要找到合适的门面，(2) 你要落实启动的资金，(3) 你要找到合适的项目，(4) 刚起步的工作，可能要持续投入和亏本，(5) 所有的人脉关系都需要自己去打理……所以一切都很难。如果你没有足够的人脉资源和钱脉资源，打工也是一件很不错的事情，有时候借助合适的平台，反而更容易实现自己的价值。比如“打工皇帝”唐骏，他一年的薪水可以上亿，如果他自己创业？我想也不一定能收入上亿，所以，工作也是成就人生的平台，今天你甘于小平台，明天你提升了，就可以迈上大平台，如果你不从小平台做起，难道你能飞上大平台？

除非你有一定的把握，并做好了失败的准备，不然我还是建议你先选择一个合适的行业去打工，就算你最终要自己创业，我也建议你先从打工开始，一方面积累经验，另一方面为自己未来的打算寻求合适的项目，积累人脉资源。

对于刚毕业的年轻人，要靠你的能力吃饭，能力来自于你的专业和你持续学习的能力，很大一部分年轻人实际的工作跟原来所学的专业并不对口，所以你要持续学习，保持一个良好的学习习惯很重要，多交几个相对成功的朋友，在职场，多向自己的前辈学习。

在人力资源管理界，特别流行一个说法，即“骑马，牵牛，赶猪，打狗”理论：人品很好，能力又很强的，是千里马，我们要骑着他；人品很好但能力普通的，是老黄牛，我们要牵着他；人品、能力皆普通的，就是“猪”，我们要赶走他；人品很差能力很强的，那是“狗”，我们要打击他。

所以并不是说，你是名牌大学的学生，你的前途就一定是星光大道，除了能力之外，你还要有很好的人品。我作为一个企业管理者，我也喜欢使用那些人品比较好，学习能力比较强的人，而不是很在乎他是不是名牌大学毕业的学生，名牌大学只能代表你的智商比别人高点，或者你过去的学习能力比别人强。

刚刚毕业几年的年轻人，一般都胸怀大志，觉得世界很大，外面到处是机会，觉得自己就是一匹千里马，马上就应该有伯乐主动找到自己。我个人建议，无论你能力有多强，成绩有多好，先求生存，再求发展。在找工作的时候，找家公司先从基层开始做，哪怕这个工作好像不是很满意，先学到职场的生存之道才重要。

我们衡量一个人的能力的时候，一方面需要他能干，能干就是要他具备工作要求的能力和学识，他有能力胜任这项工作，那是一个合格员工的基本标准；另一方面要求他要肯干，肯干是一种态度，如果你有能力，但是你不肯干，用人单位也不会愿意使用你。除了能干和肯干，如果你还喜欢钻研，愿意额外奉献，不计较个人得失，这样的员工都很受用人单位欢迎，如果你做到这样而提出离职，100％的单位都会真心实意地挽留你。

可是在实际工作中，很多人喜欢算计，觉得老板付给自己的薪水就这么点，不值得为老板拼死拼活地干，活干得比别人多，觉得吃亏；钱拿得比别人少，觉得吃亏；经常加班加点，觉得吃亏……其实，就如人生的哲理："吃亏是福"，人生、职场亦如此。前面讲过，我们去菜场，愿意去买老实人的菜；企业招人，也喜欢使用那些不是太计较得失的员工。吃亏是一种做人处事的境界，你不愿意吃亏，你就找不到好工作；你不愿意吃亏，你就找不到好朋友；你不愿意吃亏，那便宜也不会找到你。

中国人的智慧是"舍得"，舍得舍得，有舍才有得，先舍才能得，"舍"是一种胸怀，"得"是一种结局，你先舍了，早晚你会得。舍弃了休息，你得到了经验和技术；舍弃了个人，你赢得了尊重。在工作中并不是多做事或多帮别人干点儿活就是吃亏，如果领导让你加加班、赶赶任务，别以为自己吃了大亏，反而应该感到庆幸，因为领导只叫了你，而没叫其他人，说明他信任你、赏识你。吃亏是一种贡献，你贡献得越多，得到的回报也就越多。

在刚毕业这几年里，你要是能做到比别人多付出一分努力，就意味着比别人多积累一分资本，就比别人多一次成功的机会。企业是没有围墙的学校，在学校，你要交学费，老师才能教你，在企业，你可以向老板学习，向前辈学习，只要你勤奋，别人一定会教你，而且没人会向你收学费，你只是付出一些时间罢了，而且学到的东西，对你终生都有用，你愿不愿意比别人多付出一点？

一个人不能没有追求和探索，不能没有理想和目标。过去说"人生如逆水行舟，不进则退"，我要告诉你的是，人生就像跑马拉松赛，你要持续的奔跑，你跑慢了，就被别人刷下来了。现在的社会，每一个十年，就有一次大的变革。我们的父辈，不识字就是文盲。你们这一代，不会使用互联网就是文盲。再过 10 年，新技术来临的时候，由于你缺乏学习，不能与时俱进，很可能你就是新的文盲。所以一定要有追求，不断学习和进步。

我们有些年轻人在选择工作的时候，特别地无助，不知道该选择什么样的工作，特别是几份工作摆在面前的时候，是选择钱多点的职位？还是选择发展前景好点的职位？其实前面也有讲过，希望找一个一流的公司，因为会遇到一流的人才。但是，生活中，往往现实和理想还是有些差距的。经常有同学向我咨询，希望得到我的建议，我想，第一份工作还是要选择好，选择的标准就是“小企业看老板，中企业看制度，大企业看文化”。小企业的老板要看他有没有做大事业的胸怀，有胸怀的老板往往是大度的，愿意让员工分享企业进步带来的成果，哪怕企业再穷，都愿意送员工去培训和学习，在企业，能够得到很好的培训，就是企业给你最大的福利。没有胸怀的老板往往小富即安，也没有做大做强的野心。你想当初关羽和张飞为什么愿意跟着刘备干？刘备虽然没有做皇帝的野心，但他至少有匡扶汉室的志向，有容人的胸怀，有能力的人在他这个地方都被得到重用，而不是打击。我们有些小老板，自己没有胸怀，还看不得有志向的员工，担心把员工培养强大了，会抢自己的客户和市场，所以，如果我们选择小企业，一定要选好老板，第一要有胸怀，第二要有包容心。

小公司要有成为大公司的野心，有一个 44 岁的男人，在经营中被骗了 200 万，被国企某集团除名，求留任被拒绝，背负了 200 万债务，创立了一家小公司“华为公司”，没有资本，没有人脉，没有技术，没有市场经验，用 27 年把华为做到通信设备界世界第一。在他的公司，员工收入水平比社会高很多，他愿意把企业的成功分享给每一位员工，自己只保留了百分之一的股份，如果你能找到这样有“大心脏”的老板，你一定也会成功！

当然“中等的企业看制度，大企业看文化”，相对好理解。一般的中等企业相对都有严格的制度和管理流程。在这样的企业，你要做的就是“入模子”，你按部就班地跟在后面学制度，学流程。在大企业，甚至是集团企业，集团下属的企业有很多，制度不尽相同，产品也不一样，这样的企业必须建立一种文化。文化是一种持续的企业核心竞争力，文化是一种凝聚力，在这样的企业，你要适应这样的文化，你要学习这样的文化，并在企业文化指导下，完成你的工作目标。

我给学生做过职业生涯规划报告的演讲，我们的大学生到底未来要做什么，一定要有一个规划，除了专业之外，我觉得在学校至少要学一门生存的技术，至少可以保证你到社会上，除了你的专业，还能其他技能支撑，让你饿不着。学校的图书馆有很多书籍，社会上也有很多的培训班，多学点技术，多学点经验，把寒暑假课余时间都充分利用好，除非条件不容许，我还是觉得大家要多学点东西。

大学毕业后工作的前几年是最困难的时候，很多人面临生活的压力，上学的时候，一切都可以向父母伸手，毕业了，自己工作了，总想通过自己的努力，能让自己的生活过得好些，能让父母不再为自己而担心，为未来做点积累，因为以后面临要结婚，要买房。年轻人在社会的重压下，适应能力已变得越来越强，只是他们不自觉地习惯被环境推着走。他们不敢冒险，怕给自己带来终身的遗憾，于是告慰自己："我对得起自己、对得起家人，因为我已竭尽全力。"其实，人生只有不断挑战和突破才能逐渐成长，长期固守于已有的安全感中，就会像温水里的青蛙一样，最终失去跳跃的本能。

大海为什么能一望无际波涛汹涌？因为大海比谁都低，只有海纳百川，才能拥有宽广的胸怀。所以年轻人在职业起步的道路上，想要得到更好、更快、更有益的成长，就必须放低自己的"身段"，不要去想自己是什么名牌大学的学生，用"清零"来面对过往，用"归零"来面对这个世界。不要以大学里的清高来标榜自己，不要觉得自己特别优秀，而是要把自己的姿态放下，把自己的身架放低，让自己沉淀下来，抱着学习的态度去适应环境、接受挑战。放下"身段"才能提高身价，暂时的俯低终会促成未来的高就。

有人选工作的标准就是希望稳定一点，所以大家争得头破血流去考公务员，认为公务员的工作很稳定，但是人生经常会遇到挫折，生活就是这样，在温室里长大的花苗经不住风雨。一个人在年轻时经历磨难，如能正确视之，冲出黑暗，那就是一个值得敬慕的人。

正如“打工皇帝”唐骏说：“我觉得有两种人不要跟别人争利益和价值回报。第一种人就是刚刚进入企业的人，头 5 年千万不要说你能不能多给我一点儿工资，最重要的是能在企业里学到什么，对发展是不是有利……”

最要紧的是先练好内功，毕业后这 5 年就是练内功的最佳时期。练好内功，才有可能在未来攀得更高。荷马史诗《奥德赛》中有一句至理名言：“没有比漫无目的地徘徊更令人无法忍受的了。”如果说 5 年比较长，我认为至少 3 年，你要扎扎实实地学一点东西，一般努力 3 年，你就能做上主管的职位，毕业后这 3 年，你如果觉得很迷茫，会造成 10 年后的恐慌，20 年后的挣扎，甚至一辈子的平庸。

可以这么说：一个人在毕业这 5 年培养起来的行为习惯，将决定他一生的高度。我的夫人，名牌大学毕业，毕业后做了 5 年的文员和项目助理，她做文员的时候，她把文员做到极致，她把 Word、Excel 的功能做到超出她工作范围很多，自己本来英语水平不错，还利用业余时间努力学习英语，其实她平时不太会用到英语，后来她跳槽去了一家外资公司，从普通的职员花 5 年时间做到事业部总监，后来从外资企业跳槽到一家民营企业，又是一个 5 年时间，从事业部总监做到总经理，做到集团副总裁。

其实职业生涯没有几个 5 年，往往第一个 5 年最重要，第一个 5 年是在为一生做基础，我一直从事的工作是销售和企业管理，到现在为止，很多的习惯和品德，都是第一个 5 年形成的，所以第一个 5 年真的很重要，大学生也要做好第一个 5 年计划，如果第一个 5 年，你还不能形成良好的习惯，锻炼良好的意志品质，会制约你一生的发展。

附　录

一　懂点吹牛的资本

【三教】 儒教、道教、佛教

【九流】 儒家、道家、阴阳家、法家、名家、墨家、纵横家、杂家、农家

【三皇】 伏羲、女娲、神农

【五帝】 黄帝、颛顼、帝喾、唐尧、虞舜

【三山】 安徽黄山、江西庐山、浙江雁荡山

【五岳】 [中岳]河南嵩山、[东岳]山东泰山、[西岳]陕西华山、[南岳]湖南衡山、[北岳]山西恒山

【五湖】 鄱阳湖[江西]、洞庭湖[湖南]、太湖[江苏]、洪泽湖[江苏]、巢湖[安徽]

【四海】 渤海、黄海、东海、南海

【三清】 玉清元始天尊(亦称天宝君)、上清灵宝天尊(亦称太上道君)、太清道德天尊(亦称太上老君)

【四御】 昊天金阙无上至尊玉皇大帝、中天紫微北极大帝、勾陈上

宫天皇大帝、承天效法后土皇地祇

【四大佛教名山】 浙江普陀山[观世音菩萨]、山西五台山[文殊菩萨]、四川峨眉山[普贤菩萨]、安徽九华山[地藏王菩萨]

【四大道教名山】 湖北武当山、江西龙虎山、安徽齐云山、四川青城山

【五行】 金、木、水、火、土

【八卦】 乾[天]、坤[地]、震[雷]、巽[风]、坎[水]、离[火]、艮[山]、兑[泽]

【十八罗汉】 布袋罗汉、长眉罗汉、芭蕉罗汉、沉思罗汉、伏虎罗汉、过江罗汉、欢喜罗汉、降龙罗汉、静坐罗汉、举钵罗汉、开心罗汉、看门罗汉、骑象罗汉、探手罗汉、托塔罗汉、挖耳罗汉、笑狮罗汉、坐鹿罗汉

【十八层地狱】 [第一层]泥犁地狱、[第二层]刀山地狱、[第三层]沸沙地狱、[第四层]沸屎地狱、[第五层]黑身地狱、[第六层]火车地狱、[第七层]镬汤地狱、[第八层]铁床地狱、[第九层]盖山地狱、[第十层]寒冰地狱、[第十一层]剥皮地狱、[第十二层]畜生地狱、[第十三层]刀兵地狱、[第十四层]铁磨地狱、[第十五层]磔刑地狱、[第十六层]铁册地狱、[第十七层]蛆虫地狱、[第十八层]烊铜地狱

【五脏】 心、肝、脾、肺、肾

【六腑】 胃、胆、三焦、膀胱、大肠、小肠

【四书】《论语》、《中庸》、《大学》、《孟子》

【五经】《诗经》、《尚书》、《礼记》、《周易》、《春秋》

【八股文】 破题、承题、起讲、入手、起股、中股、后股、束股

【六子全书】《老子》、《庄子》、《列子》、《荀子》、《扬子法言》、《文中子中说》

【汉字六书】 象形、指事、形声、会意、转注、假借

【书法九势】落笔、转笔、藏峰、藏头、护尾、疾势、掠笔、涩势、横鳞竖勒

【竹林七贤】嵇康、刘伶、阮籍、山涛、阮咸、向秀、王戎

【饮中八仙】李白、贺知章、李适之、李琎、崔宗之、苏晋、张旭、焦遂

【蜀之八仙】容成公、李耳、董仲舒、张道陵、严君平、李八百、范长生、尔朱先生

【扬州八怪】郑燮、汪士慎、李鱓、黄慎、金农、高翔、李方膺、罗聘

【北宋文坛四大家】黄庭坚、欧阳修、苏轼、王安石

【唐宋古文八大家】韩愈、柳宗元、欧阳修、苏洵、苏轼、苏辙、王安石、曾巩

【十三经】《周易》《诗经》《尚书》《周礼》《礼记》《仪礼》《公羊传》《穀梁传》《左传》《孝经》《论语》《尔雅》《孟子》

【四大民间传说】《牛郎织女》《孟姜女哭长城》《梁山伯与祝英台》《白蛇传》

【四大文化遗产】《明清档案》《殷墟甲骨》《居延汉简》《敦煌经卷》

【元曲四大家】关汉卿、白朴、郑光祖、马致远

【晚清四大谴责小说】李宝嘉《官场现形记》、吴沃尧《二十年目睹之怪现状》、刘鹗《老残游记》、曾朴《孽海花》

【六礼】冠、婚、丧、祭、乡饮酒、相见

【六艺】礼、乐、射、御、书、数

【六义】风、赋、比、兴、雅、颂

【十恶】谋反、谋大逆、谋叛、恶逆、不道、大不敬、不孝、不睦、不义、内乱

【五彩】青、黄、赤、白、黑

【五音】宫、商、角、徵、羽

【七宝】金、银、琉璃、珊瑚、砗磲、琥珀、玛瑙

【九宫】正宫、中吕宫、南吕宫、仙吕宫、黄钟宫、大石调、双调、商调、越调

【七大艺术】绘画、音乐、雕塑、戏剧、文学、建筑、电影

【四大名瓷窑】河北的磁州窑、浙江的龙泉窑、江西的景德镇窑、福建的德化窑

【京剧四大名旦】梅兰芳、程砚秋、尚小云、荀慧生

【八旗】正黄、正白、正红、正蓝、镶黄、镶白、镶红、镶蓝

【八仙】铁拐李、汉钟离、张果老、吕洞宾、何仙姑、蓝采和、韩湘子、曹国舅

【七情】喜、怒、哀、惧、爱、恶、欲

【五常】仁、义、礼、智、信

【五伦】君臣、父子、兄弟、夫妇、朋友

【三姑】尼姑、道姑、卦姑

【六婆】牙婆、媒婆、师婆、虔婆、药婆、稳婆

【九属】玄孙、曾孙、孙、子、身、父、祖父、曾祖父、高祖父

【五谷】稻、黍、稷、麦、豆

【中国八大菜系】四川菜(川菜)、湖南菜(湘菜)、山东菜(鲁菜)、江苏菜(苏菜)、浙江菜(浙菜)、广东菜(粤菜)、福建菜(闽菜)、安徽菜(徽菜)

【配药七方】大方、小方、缓方、急方、奇方、偶方、复方

【五岭】越城岭、都庞岭、萌渚岭、骑田岭、大庾岭

【四大名桥】广济桥、赵州桥、洛阳桥、卢沟桥

【四大名园】颐和园[北京]、避暑山庄[河北承德]、拙政园[江苏苏州]、留园[江苏苏州]

【四大名刹】灵岩寺[山东长清]、国清寺[浙江天台]、玉泉寺[湖

北当阳]、栖霞寺[江苏南京]

【四大名楼】岳阳楼[湖南岳阳]、黄鹤楼[湖北武汉]、滕王阁[江西南昌]、大观楼[云南昆明]

【四大名亭】醉翁亭[安徽滁县]、陶然亭[北京先农坛]、爱晚亭[湖南长沙]、湖心亭[浙江杭州]

【四大古镇】景德镇[江西]、佛山镇[广东]、汉口镇[湖北]、朱仙镇[河南]

【四大碑林】西安碑林[陕西西安]、孔庙碑林[山东曲阜]、地震碑林[四川西昌]、南门碑林[台湾高雄]

【四大名塔】嵩岳寺塔[河南登封嵩岳寺]、飞虹塔[山西洪洞广胜寺]、释迦塔[山西应县佛宫寺]、千寻塔[云南大理崇圣寺]

【四大石窟】莫高窟[甘肃敦煌]、云冈石窟[山西大同]、龙门石窟[河南洛阳]、麦积山石窟[甘肃天水]

【四大书院】白鹿洞书院[江西庐山]、岳麓书院[湖南长沙]、嵩阳书院[河南登封]、应天书院[河南商丘]

【四大名绣】苏绣[苏州]、湘绣[湖南]、蜀绣[四川]、粤绣[广东]

【四大名扇】檀香扇[江苏]、火画扇[广东]、竹丝扇[四川]、绫绢扇[浙江]

【四大名花】牡丹[河南洛阳]、水仙[福建漳州]、菊花[浙江杭州]、山茶[云南昆明]

【十大名茶】西湖龙井[浙江杭州西湖区]、洞庭碧螺春[江苏吴县太湖的洞庭山碧螺峰]、信阳毛尖[河南信阳车云山]、君山银针[湖南岳阳君山]、六安瓜片[安徽六安和金寨两县的齐云山]、黄山毛峰[安徽歙县黄山]、祁门红茶[安徽祁门县]、都匀毛尖[贵州都匀县]、铁观音[福建安溪县]、武夷岩茶[福建崇安县]

二 40个与心理学相关的语句

1. 据说，当你失眠的时候，你将会在别人的梦里出现。

2. 一个人喜欢你的程度，一般和他回你短信的速度成正比。

3. 研究发现，人在难过时流的眼泪中，含有较多因精神压抑而产生的有害物质。

美国圣保罗·雷姆塞医学中心精神病实验室专家研究发现，眼泪可以缓解人的压抑。

4. 据英国《每日邮报》报道：一项研究发现，人们在睡前玩手机，频繁发送电子邮件，会影响睡眠质量，使第二天情绪变差，易焦虑、沮丧。

5. 把你所有的不幸总结成一句话，然后问问自己："3年后，这对你还重要吗？"相信问题就会迎刃而解。

6. 喜欢一个人是种感觉，不喜欢一个人却是事实。事实容易解释，感觉却难以言喻。

7. 照镜子时间长了，会发现镜子里的自己很陌生。

8. 88.8%人哭后情绪能得到改善，只有8.4%的人哭后感觉更糟。70%的人哭泣时不会躲着他人，77%的哭泣是在家里发生的，39%的哭泣发生在晚上，下午6点到晚上8点是最容易掉眼泪的时间段。

9. 两个男人追一个女人，用情浅的那个先放弃；两个女人追一个男人，用情深的那个先放弃。

10. 西班牙Granada大学的心理学家在一项关于儿童教育和死亡概念教育的研究中发现：人的学历越高，越不怕死。同时这种特征也会影响到他们的后代。

11. 首先随意挑一个数字(0、1、2、3、4、5、6、7、8、9)，然后把这个数字乘以 2，加上 5，乘以 50，再加上 1760，最后用这个数减去你的出生年份，你会得到一个三位数。第一位是你一开始选择的数字，剩下的二位数，就是你的年龄。

12. 本杰明·富兰克林效应：让别人喜欢你的最好方法不是去帮助他们，而是让他们来帮助你。

13. 老师在黑板上写下"Woman without her man is nothing"，让学生给这句话加标点。男生的答案："Woman, without her man, is nothing."(女人，如果没了男人，什么也不是。)女生的答案："Woman, Without her, man is nothing."(女人，没有她，男人什么也不是。)

14. 英国巴斯大学曾经量过 75 名 7 岁儿童的右手手指长度。发现无名指较长的儿童，数学成绩较好。食指较长的儿童，英文成绩较出色。

15. 大量心理学研究发现，结婚越早，婚姻质量越高。但人们更愿意相信自己的逻辑：等待的时间越长，结果越好。研究表明，等待只对 22 岁以下的人有意义。因为早于 22 岁结婚，婚姻成功率会急剧下降。但 22 岁以后就无需再等，等到 30 岁以后，婚姻的失败率也在上升。

16. 睡眠不足，会容易发胖。每天睡 5～6 小时的人，平均比每天睡 7～8 小时的人重 6～8 磅。当正常睡眠时间被剥夺时，身体会产生大量的抗压激素，以减缓新陈代谢的速度，同时第二天的食欲也会增强。如果早晨必须 7 点起床，前天晚上最好在 11 点左右睡。睡前可以泡个热水澡或读本小说。

17. 国外研究发现，50%三岁孩童会说谎，四岁会骗人的占 90%，12 岁的儿童几乎都会说谎。孩子说谎，其实是认知发展的标志。认知功能发展越健全的孩子，说谎技巧就越高明，因为他们有办法圆谎。

18. 英国医学杂志发表的一篇研究报告显示：快乐情绪的影响，可远达三层外的人际关系。认识快乐的人，会让你变快乐的几率增加 15.3%，认识有快乐朋友的人，会增加 9.8%。

19. 总感觉手机震动，费了半天劲掏出来却发现什么情况也没有。

20. 心理学研究发现：妻子的容颜，与丈夫的性格和他对妻子的态度紧密相关。心胸宽广，不轻易发脾气的丈夫能够包容迁就妻子，使妻子享受充分的自由。妻子的皮肤更加光滑细腻，不易衰老，显得容光焕发。

21. 毁掉一首好歌最好的方法就是把它设为起床闹铃。

22. 在日本地铁里，5 个人就有 5 个人读书看报。在中国台湾，5 个人就有 3 个人读书看报。在中国香港，5 个人有 2 个人读书看报。而在大陆，5 个人中往往有两个人在讲话，另外三个人在听他们讲话。

23. 男人通常不喜欢吵架，也不主动吵架，但他们擅长令女人忍无可忍找他们吵架。

24. 关系越好的，往往是越爱损你的。和她说话时，你总是能自动屏蔽那些不爱听的。你的毛病她永远比你更清楚。碰到你以前喜欢过的人，她总是特别激动地喊你快看。有了小秘密，总是第一个想跟她分享。其实最关心你的，永远是那个最爱打击你的。

25. 口袋装着刚买的手机，在公车上生怕被盗，每隔一段时间就去查看手机是否还在。可是手机最终还是被偷走了。因为害怕发生，所以会非常在意，注意力越集中，就越容易犯错误。这就是著名的墨菲定理。

26. 美国心理学家称：男生和女生分别有 6 种基本的爱情需求。男生：信任、接受、感激、赞美、认可、鼓励。女生：关心、理解、尊重、忠诚、体贴，安慰。

27. 深夜来临的时候，是一个人心灵最脆弱的时候，也是想念最疯狂的时候。

28. 炫耀源于内心的不自信。心理学认为“爱向别人炫耀”是一种内心需要被关注被肯定的表现，很可能是因为某种东西自己不常有，一旦拥有，就希望藉以外界的羡慕来建立自信。

29. 如果某个男人主动替你拎包，把你放在道路的里边走，主动为你拉椅子。不要因此而感激涕零，这只能说明他之前有无数个女朋友教过他这一点。而能让他记住的女人，永远是改变他的那个，而不是你。所以，越是细节完美的男人，对女人而言越是挑战。

30. 麦兜说：有事情是要说出来的，不要等着对方去领悟，因为对方不是你，不知道你想要什么，等到最后只能是伤心和失望，尤其是感情。

31. 心理学研究显示：男人一天平均说 2 000 个词，女人一天要说 7 000 个词。工作一天，老公的那 2 000 个词在公司就说完了，回家只想休息。而老婆还有 5 000 个词没说呢，总要把它说完才能睡吧。然后很多悲剧就这样产生了。

32. 心理学上说，人们大多数只对有安全度的人发脾气。因为在那个安全度之内，你潜意识知道对方不会离开你，胡闹有时候是一种依赖。

33. 这些心理常识你知道吗？① 手干净的人更容易宽容他人；② 婚姻幸福可帮助女性减压；③ 养狗比养猫更有利于身心；④ 自言自语有益健康；⑤ 易怒的人伤口好得慢；⑥ 移动家具可以改善心情；⑦ 人在饿的时候爱乱花钱；⑧ 独身者早死率比已婚者高一半；⑨ 爱脸红的人更容易被原谅。

34. 拖延——最厉害的拒绝。

35. 没有人可以回到过去重新开始，但谁都可以从现在开始，书写一个全然不同的结局。

36. 保罗·皮尔梭:如果你生气了,请在面对爱人之前先照照镜子,看看自己,你喜欢现在这张脸吗?

37. 其实人生只有900个月。事实上,你可以画一个30×30的表格,一张A4纸就够了。每过一个月,就在一个格子里打钩,你全部的人生就在这张纸上。你会因此有一个清晰的概念:你的人生是如何度过的?

38. 心理常识:贝勃规律。原本1元的报纸变成了10元一份,你一定会感到无法接受;相比较而言,原本5 000元的电脑涨了50元,你应该不会有这么大的反应。贝勃规律表明:当人经历强烈的刺激后,之后施予的刺激对他来说也就变得微不足道了。

39. 调查显示:考完试检查的时候,55%的人认为改答案会损害成绩,只有15.5%认为会改善。但实际的情况是:58%把答案改对了,20%把对改错了,还有22%把错的改错了。

40. 8.2秒陷入爱河:科学家认为,男人与女人第一次见面,关注持续的时间决定了两人是否能相爱。如果一个男人在第一次见面时关注女人的时间超过8.2秒,那么他就已经不止被吸引了。

三 学会做人必看的12条说话艺术

1. 急事,慢慢地说。遇到急事,如果能沉下心思考,然后不急不躁地把事情说清楚,会给听者留下稳重、不冲动的印象,从而增加他人对你的信任度。

2. 小事,幽默地说。尤其是一些善意的提醒,用句玩笑话讲出来,就不会让听者感觉生硬,他们不但会欣然接受你的提醒,还会增强彼此的亲密感。

3. 没把握的事,谨慎地说。对那些自己没有把握的事情,如果你不说,别人会觉得你虚伪;如果你能措辞严谨地说出来,会让人感到你是个值得信任的人。

4. 没发生的事,不要胡说。人们最讨厌无事生非的人,如果你从来不随便臆测或胡说没有的事,会让人觉得你为人成熟、有修养,是个做事认真、有责任感的人。

5. 做不到的事,别乱说。俗话说“没有金刚钻,别揽瓷器活”。不轻易承诺自己做不到的事,会让听者觉得你是一个“言必信,行必果”的人,愿意相信你。

6. 伤害人的事,不能说。不轻易用言语伤害别人,尤其在较为亲近的人之间,不说伤害人的话。这会让他们觉得你是个善良的人,有助于维系和增进感情。

7. 伤心的事,不要见人就说。人在伤心时,都有倾诉的欲望,但如果见人就说,很容易使听者心理压力过大,对你产生怀疑和疏远。同时,你还会给人留下不为他人着想、想把痛苦转嫁给他人的印象。

8. 别人的事,小心地说。人与人之间都需要安全距离,不轻易评论和传播别人的事,会给人交往的安全感。

9. 自己的事,听别人怎么说。自己的事情要多听听局外人的看法,一则可以给人以谦虚的印象;二则会让人觉得你是个明事理的人。

10. 尊长的事,多听少说。年长的人往往不喜欢年轻人对自己的事发表太多的评论,如果年轻人说得过多,他们就觉得你不是一个尊敬长辈、谦虚好学的人。

11. 夫妻的事,商量着说。夫妻之间,最怕的就是遇到事情相互指责,而相互商量会产生“共情”的效果,能增强夫妻感情。

12. 孩子们的事,开导着说。尤其是青春期的孩子,非常叛逆,采用温和又坚定的态度进行开导,可以既让孩子对你有好感,愿意和你成为朋友,又能起到说服的作用。